RICHARD HARTMANN

Was kommt nach der Pfarrgemeinde?

RICHARD HARTMANN

Was kommt nach der Pfarrgemeinde?

Chancen und Perspektiven

echter

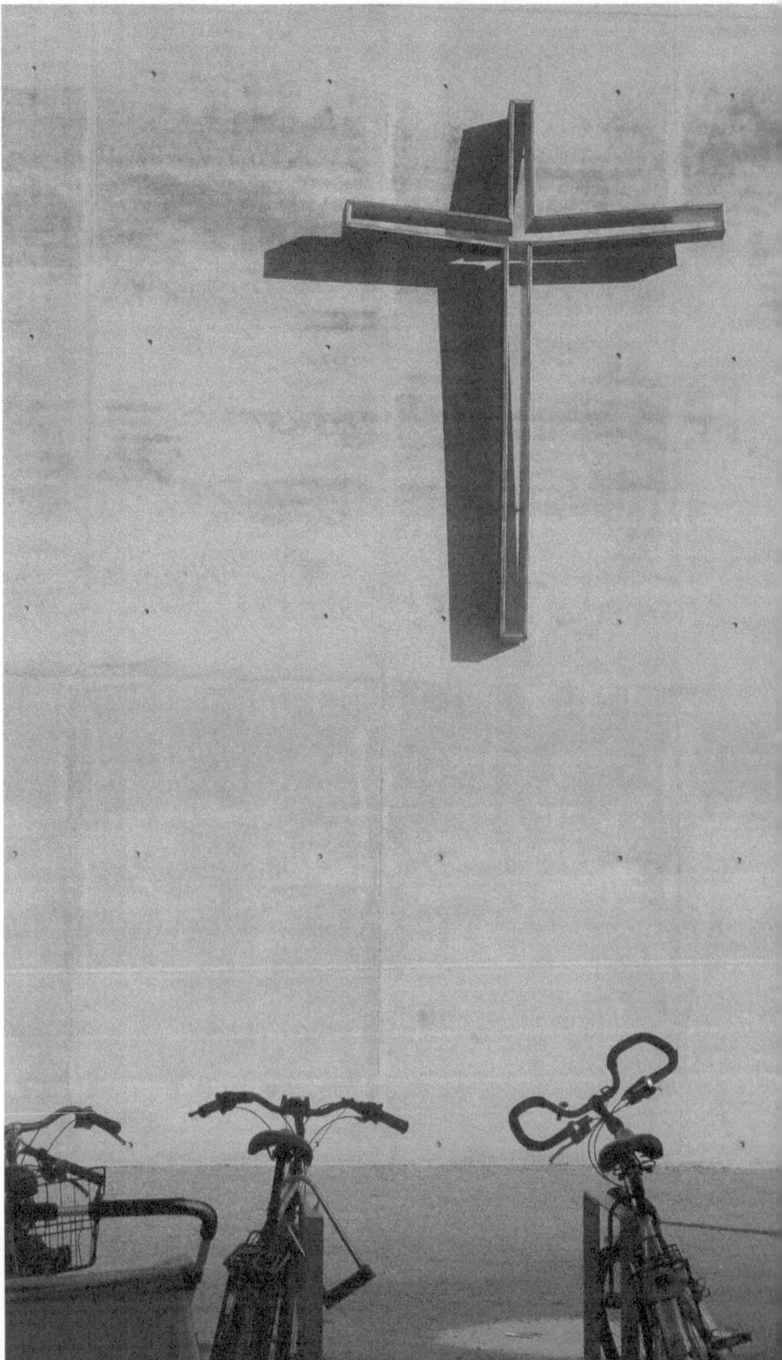

Inhalt

1 Das Nachher hat schon begonnen

Wie ist meine Stimmung? Wie ist unsere Stimmung in der Kirche?

Die Volkskirche geht nicht zu Ende, sie ist zu Ende. So lautet inzwischen der Tenor vieler Verantwortlicher, Bischöfe, Theologen, Mitarbeiterinnen und Mitarbeiter und Glieder dieser Kirche. Es ist in unseren Breiten nirgendwo mehr notwendig, Mitglied einer Kirche zu sein, um als Bürger dieser Gesellschaft zu gelten. Ob jemand einer Kirche angehört, ob und wie er dann in dieser Kirche seinen Glauben praktiziert, all das ist inzwischen nicht mehr vorgeschrieben, sondern eine Sache der ganz persönlichen und privaten Entscheidung.

Die Gemeindezentren der 1970er Jahre sollten Mittelpunkt einer lebendigen Gemeinschaft werden. Etliche Gruppen und Kreise trafen sich dort. Der Terminkalender der Pfarrmitteilungen war beredtes Zeugnis der Aktivitäten. Inzwischen ist auch hier der Lack ab. Es ist weniger los, die Ästhetik der Häuser und Räume erinnert an den Glanz vergangener Zeiten. Ob eine Sanierung lohnt?

Die Art der Menschen, ihren Glauben zu leben, ist heute anders geworden.

Weil das so ist, ist die »Pfarrgemeinde« wirklich nicht mehr dieselbe;

weil das so ist, erleben die Gemeinden, dass meist nur bestimmte Menschen an ihrem Leben teilnehmen, nur noch ganz bestimmte »Milieus«;

weil das so ist, scheint die Kirche in einem Schrumpfungsprozess zu sein und scheinen die Menschen aus dem »Kern« nicht selten in eine depressive Grundstimmung zu verfallen;

weil das so ist, sind – vor allem – die Hauptamtlichen immer wieder konfrontiert mit Menschen, die klare Erwartungen an »die Kirche« und somit an sie haben – vor allem zu Taufe, Hochzeit und Beerdigung –, aber keineswegs die Erwartungen der Gemeinde an eine feste Bindung erfüllen wollen.

Muss das so sein? Und muss uns das im so erfahrenen »Kern« der Kirche schrecken?

Ich will keinen weiteren Beitrag leisten, der dem nachtrauert, was früher einmal gewesen sein soll. Ich bin sogar skeptisch gegenüber vielen Idealisierungen früherer Jahrzehnte. Ich will vielmehr Aussichten gewähren und Wege skizzieren, die in eine Zukunft führen, die schon längst die Zukunft Gottes ist. Es ist eine Zukunft, die einen neuen geistlichen Aufbruch schenkt.

Die alten Karten führen in die Irre

Haben wir die richtigen Karten für die Wege in die Zukunft? Ich erinnere mich an frühere Wanderfahrten und die Fähigkeit, Straßenkarten, Wanderkarten und Messtisch-Blätter zu lesen. Nicht jeder konnte auch mit den richtigen Karten das Ziel schnell erreichen. Mancher Umweg wurde beschritten. Ob das heute anders ist?

Als ich vor kurzem mit Freundinnen unterwegs war und wir den Weg nicht gleich fanden, habe ich selbstverständlich mit meinem Smartphone und GPS Orientierung gesucht – und gefunden. Und wer »Karten lesen« »googelt«, dem werden keine Wanderkarten, aber viele EDV-Speichermedien aufgelistet.

Mit Blick auf die Arbeit unserer Kirchengemeinden habe ich den Eindruck, dass immer noch etliche die gleichen Karten verwenden wie vor 50 Jahren. Eine davon zeigt die »lebendige Gemeinde«: Ein vielfältiges Freizeitprogramm steht neben der Gottesdienst- und Sakramenten-Vorbereitung. Für alle Generationen gibt es entsprechende Wege und Routen, die Verbände sorgen für weitere Maßnahmen. Zugleich wächst die Enttäuschung nach innen hin: »Es sind immer dieselben« und »es sind immer weniger«; »die Kinder und Jugendlichen sind nicht mehr bereit, sich in Gruppen auf Dauer zu engagieren und zu binden«, und die Gottesdienste sind immer leerer. Dazu kommt schon seit längerer Zeit, dass es die »engagierten Kapläne von früher nicht mehr gibt« und dass die Kirche nicht erst durch den Missbrauchsskandal viel Anerkennung verloren hat. Und nun noch: Es gibt weniger Priester und andere Hauptamtliche und darum droht die Pfarrei vor Ort an Profil zu verlieren. Es braucht zentrale Zusammenschlüsse, Finanzkrisen zwingen zum »Downsizing«, also zum Streichen: Nichts bleibt mehr bestehen – und plötzlich stimmen die Karten nicht mehr.

Dabei gab es immer wieder Karten und Planskizzen, die zeigten, wie die Kirche aussehen soll, wohin das Volk Gottes unterwegs ist, welches die Orte sind, wo die Verkündigung des Evangeliums ankommt. An ein paar dieser Karten – sicher ist die Liste nicht vollzählig –, die in unterschiedlicher Praxis sogar noch nebeneinander benutzt werden, will ich erinnern:

- Am wichtigsten sind die Osterkommunion und die Osterbeichte und die Feier der Sakramente: Wenn das gewährleistet ist, brauchen wir keine Angst zu haben um das Heil der Menschen. Wer daran teilhat, der ist gerettet, wer davon wegbleibt, ist verloren.

- Wir prägen das Milieu und die Gesellschaft: Alles soll »katholisch« sein. Kirche muss sich durchsetzen durch eine totale Durchdringung der ganzen Gesellschaft: Die perfekte Gesellschaft ist die Idee, die alle Minderheiten aufsaugt oder verdrängt. Vereine und Verbände stabilisieren diese gesellschaftliche Bedeutung.

- Wir halten alles aufrecht und zusammen: Im Rahmen des Wiederaufbaus der Gesellschaft nach dem Zweiten Weltkrieg kam es der Kirche mit Volksmissionen und Wohnviertelapostolat darauf an, mit hoher Autorität alle zusammenzuführen und zusammenzuhalten. Tatsächlich war es, was die Feier der Sakramente betrifft, eine der Hoch-Zeiten der Beteiligung.

- Wir gehören zusammen, wir sind ein Herz und eine Seele: Die Idee der Pfarrfamilie, in der sich möglichst alle kennen und füreinander da sind, mit dem Pfarrer als Vaterfigur und seinen vielen Helferinnen und Helfern, steht im Zentrum: Ihre Attraktivität soll ausstrahlen auf viele andere.

➠ Als Avantgarde, als kleine Basisgemeinde, versuchen wir uns und die Gesellschaft zu verwandeln. Mit hoher Autonomie in Gottesdienst, Glaubensvertiefung und politischem Engagement sind wir eine Gegengesellschaft gegen den Mainstream von Volkskirche und Gesellschaft. Wir sind die Entschiedenen.

Unser Atlas: Welche dieser Karten kenne ich und kennen wir? Woran lässt sich erkennen, wie wir als Engagierte in der Gemeinde oder Pfarrei oder als hauptberuflich Tätige in der Kirche unsere Dienste ordnen und die Wege bestimmen?

➠ Wer sich an Gott bindet, der hat gewonnen. In neuen Frömmigkeitsbewegungen wird eine innere Sicherheit und Glaubensbindung kultiviert, die den Mitgliedern hilft, die kritische und negativ bewertete Gesellschaft in Abgeschlossenheit und Schutz zu überleben.

- Wir sind Kirche auf dem Markt, was angefragt wird, wird entsprechend angeboten, ausprobiert und vermarktet. Wenn wir die richtigen Angebote machen, haben wir bei Events ebenso wie in der individuellen Gestaltung von Sakramentsfeiern und Segensfeiern die richtige Anknüpfung an die Servicegesellschaft.

- Wir beginnen neu als Missionskirche: Offensiv gehen wir in die Öffentlichkeit und versuchen den Mehrwert des Glaubens zu dokumentieren und Menschen für unseren Weg zu gewinnen.

Die Lotsen haben neue Aufgaben

Wer sich auf den Dienst in der Kirche vorbereitet, sei es als Pfarrer, als Priester oder Diakon, als Religionspädagogin und Theologin, begibt sich auf diesen Weg mit einem bestimmten Vorverständnis. Seine eigenen Erfahrungen in Kirche, Verband, Bewegung haben ihn motiviert, sich auf eine Berufslaufbahn einzulassen, zum Teil mit existentieller Entscheidung in der Bindung und im Lebenswandel (Zölibat, Ordensberufung). Allein, wenn die Wegzeichen, die Pfeile, in entgegengesetzte Richtungen führen, wenn die Fahrtrichtung nicht eindeutig ist, was dann? Wer ist es, der entscheidet, welcher Weg ausprobiert wird? Welche Kriterien helfen weiter: die Erfahrung vor Ort, die amtskirchlichen Vorgaben? Es braucht die Lotsen mit ihrer Erfahrung, ihren Kriterien und dem Mut, das Steuer zu führen.

Manchmal sind es Gegenbilder, die motivieren im Sinne von: »Dahin wollen wir nicht kommen!« Visionen und Leitbilder formulieren mit großer Geste, was man gerade anders machen will und kann. Dazu kommen Studien, die zumindest in Teilen auch bestimmten Karten folgen und daraus die Lotsenaufgaben bestimmen. Viele Veröffentlichungen von Praktikern, von Pastoralämtern und Diözesen beschreiben und entwickeln Ideen, was man konkret machen sollte. Doch helfen diese Ideen nur dann, wenn sie mit den konkreten Menschen vor Ort, mit ihrer Erfahrung, ihren Charismen in ihrer Lebenswelt Gestalt gewinnen. Nicht die ausformulierten Konzepte helfen, sondern die Schritte, die mit guten Lotsen gewagt werden.

Die Lotsen erleben im Laufe ihres Berufslebens – wie viele Zeitgenossen in anderen Berufswelten auch –, dass ihre einmal angenommene, idealisierte Perspektive sich schneller als erwartet ändert. Sie spüren, dass sie nicht nur ständig etwas dazulernen müssen, sondern dass es für sie immer schwieriger wird, Erfolge zu messen, und dass nicht nur die Tätigkeiten, sondern auch ihr Selbstverständnis und ihre Lebensformen unter Druck stehen und sich verändern müssen. Nicht wenige leiden intensiv an diesen Veränderungen. Überforderung – Unsicherheit – Vereinzelung sind Phänomene, die bis zum »Burnout« führen. Tatsächlich haben sich Aufgaben, Funktionen und Selbstverständnisse gewandelt. Vor allem das Bild des Pfarrers, der sich oft als einziger Lotse verstanden hat, stimmt nicht mehr. Er kann nicht als väterliche Bezugsfigur alle Fäden zusammenhalten.

- Die Feier der Sakramente »rite et recte« – so wie's im Buch steht – reicht nicht mehr aus. Gottesdienste sind längst nicht mehr die einzige und wichtigste Aufgabe im Alltag der Priester; dazu leidet mancher, wenn an Werktagen kaum noch jemand mitfeiert. Stattdessen erwarten viele die Überzeugungskraft und Glaubwürdigkeit des Liturgen. Die Objektivität des Ritus tritt für viele in den Hintergrund.

- Autorität und Leitung waren im Pfarramt als Einheit verbunden: Der Pfarrer war für sehr viele eine anerkannte und geschützte Autorität im Sinne der »Profession«. Wie der Pfarrer lebte, was er konnte und was er tat – alles war im Blick der Öffentlichkeit und musste zusammenpassen. Heute fragen die Menschen nach mehr als der formalen Autorität und Rolle. Die Person gerät in den Blick. Die meisten Menschen unterscheiden zwischen einem guten und sympathischen und einem schlechten Pfarrer.

➡ Verkündigung und Lehre stehen unter einem neuen Erwartungsdruck: Die Theologen, die als Kleriker oder Laien im Dienst der Verkündigung stehen, sind nicht mehr unumstritten in ihrer Fachlichkeit. Die Möglichkeit, sich auf einem geöffneten Bildungsmarkt selbst seine Position zu erarbeiten, und die Vielfalt der Positionen der Theologie selber werden zu einer neuen Herausforderung für die Qualität von Verkündigung und Lehre.

➡ Nicht die konkrete Berufsbezeichnung, ob also jemand Pfarrer, Pastoralreferentin oder Gemeindereferent ist, macht klar, was er oder sie kann und tun will. Vielmehr wird interessiert nach der Vielfalt professioneller Fachlichkeit und Spezialisierung gefragt, zum Beispiel als Geistlicher Begleiter, Eheberater, Klinikseelsorger oder Therapeut, als Musikpädagoge oder Notfallseelsorger, als Moderator …

Wer kann bei uns was? An wen stelle ich welche Erwartungen? Welche Erwartungen treffen mich, unseren Kreis, unseren Verantwortungsbereich?

Gibt es Ideen und Möglichkeiten, von den Charismen auszugehen, um die Aufgaben zu schultern?

- Management scheint eine unvermeidbare Aufgabe der differenzierten Kirchengemeinden und größeren Pastoralräume zu werden. Diese Aufgabe wird nach bisheriger Tradition in Letztverantwortung dem Pfarrer der Gemeinde zugeschrieben. Diese Aufgabe umfasst sämtliche Bereiche; dafür wurden in den letzten Jahren auch viele Laien qualifiziert. Es muss keineswegs immer ein Theologe oder geweihter Priester sein, der die Fäden zusammenführt und in der Hand hält.

- Die Vielfalt der haupt- und nebenberuflich und der freiwillig engagierten Mitarbeiterinnen und Mitarbeiter macht eine weitere Funktion nötig: die Moderation, die Koordinierung der vielen Dienste, Felder und Aufgaben und die Eröffnung einer kommunikativen Atmosphäre, in der jede und jeder sein Charisma einbringen kann. Auch diese Aufgabe wird vielerorts dem Pfarrer zugewiesen.

- Inzwischen wird eine andere Erwartung verstärkt eingebracht: In Subsidiarität, also nicht als Leitende, sondern als An-Leitende, sind die Hauptberuflichen dazu da, die Christgläubigen zu befähigen, selber verantwortlich als Christ und in der Kirche zu wirken. Leitung wird nicht mehr als formelle Leitung definiert, sondern als Fähigkeit zur Formation, zu Ausbildung, Reflexion und Begleitung. Wieder werden andere Qualifikationen wichtig.

Allein diese verschiedenen Aufgabenfelder verdeutlichen, welch unterschiedliche Ausrichtung und Qualifikation von den Lotsen erwartet wird. Ob eine einzelne Person dieser Vielfalt gerecht werden kann oder in ihrer Berufsbiographie diesen Wandel gestalten kann, muss deutlich in Frage gestellt werden.

Als Material, mit dem die Menschen durch die Zeit gelotst werden können, scheint früher einmal der »grüne Katechismus« gereicht zu haben. Die Komplexität unserer Zeit erfordert in nahezu allen Bereichen den Einsatz eines differenzierten »Computersystems«. Aber jeder, der mit Menschen arbeitet, spürt, dass das in diesem Feld allein noch nicht hilfreich ist. Mehr denn je ist die Persönlichkeit gefragt.

Die Fahrzeuge müssen gewechselt werden

Was früher einmal ging, geht heute nicht mehr. Ich glaube sogar, dass die Wirklichkeit früher gar nicht so ideal war, wie manche Beschreibungen aus heutiger Sicht nahelegen. Aber eben anders. Die »Fahrzeuge«, die Instrumente des kirchlichen Handelns, müssen gewechselt werden. Manches »Fahrzeug«, manche Methode ist einfach gegen die Wand gefahren: etwa die, Menschen einfach vorzuschreiben, was und wie sie glauben sollen; dagegen wehren sie sich. Manchmal gehen wir auf unseren Wege einfach zu langsam, kommen nicht mit der schnelllebigen Zeit mit. Manchmal sind auch unsere

Versuche nicht sicher genug, nicht nach dem Standard heutiger Technik: Welches pädagogische und psychologische Wissen muss mitbedacht werden, welche Erkenntnisse aus Milieuforschung und Kulturwissenschaften helfen, dass das Fahrzeug »richtig« ist, die Form des kirchlichen Handelns auch greifen wird?

➠ Das Autoritätsargument als Grundlage der Verkündigung und der Leitung hat ausgedient: Es gibt nicht mehr die unhinterfragte Information und Position. »Roma locuta causa non finita« (Rom hat gesprochen, die Sache ist nicht zu Ende) war schon vor mehr als 30 Jahren an den Mauern des Theologenseminars Wilhelmstift in Tübingen zu lesen. Es mag sein, dass noch einige wenige Menschen diese Gehorsamslinie auch im Glauben für sich wünschen und annehmen, aber sie ist nicht mehrheitsfähig und überzeugend. Direktive Predigt mit dem drohenden Zeigefinger, direktive Lehrpositionen und direktive Leitung der Gemeinde beschleunigen die Tendenz, dass noch weniger Christinnen und Christen zu ihrer Kirche stehen. Das Autoritätsargument weicht der Dialogkultur und der intellektuellen und personalen Überzeugungskraft.

➠ Die Form der Kontrolle über Sakramentenpraxis und Lebenswandel aufgrund der Überschaubarkeit und Nähe ist weder möglich noch akzeptiert. Die größeren Pastoralräume erweisen sich hier als Freiheitsräume, die Autonomiebestrebungen und -ansprüche der Einzelnen weisen Kontrolle zurück. Die Freiheitssuche der Individuen fordert eine offensive Entfaltung immer neuer möglicher Anknüpfungsstellen.

Wer hat die richtigen Ideen für eine neue Vielfalt in der Kirche? Welche Persönlichkeiten strahlen eine glaubwürdige Autorität aus, als Brückenbauer untereinander und zur Weltkirche? Wie werden wir das Evangelium Jesu Christi und sein heilschaffendes Handeln in der Welt öffentlich halten?

➡ Die Einheitlichkeit der liturgischen Formen – geprägt durch die gemeinsame Liturgiesprache Latein und die gemeinsame Musik- und Kunstsprache – ist einer Vielfalt der Formen gewichen, die unterschiedliche Kulturen und Milieus ansprechen. Die Spannung zwischen persönlichen und privaten Frömmigkeitsformen und Ausdrucksformen zur gemeinsamen Liturgie, die für die ganze Weltkirche steht, bedarf steter Balanceübungen. Es braucht eigene Anstrengungen, damit die liturgischen Formen heute verstanden und nachvollzogen werden können. Wie schwierig das ist, zeigt sich immer wieder, wenn neue liturgische Texte approbiert werden.

- Die klare Trennung von Heils-(Sakramenten-)Dienst durch die Kleriker und ihr unbestrittenes Wirken ins »Innen« der Kirche und Weltdienst der Laien und ihrer katholischen Verbände nach »außen« entspricht nicht einer »Kirche in der Welt von heute«, wie sie das Zweite Vatikanische Konzil vor 50 Jahren entfaltet hat. Der Zusammenklang von Spiritualität und Aktion – oder, mit den Formulierungen von Frère Roger Schutz aus Taizé: von Kampf und Kontemplation – ist stets neu anzustimmen.

- Die Bereitschaft vieler Menschen zum Engagement in der Kirche von der Wiege bis zur Bahre ist dem Interesse gewichen, sich phasenweise, projektbezogen und personenorientiert, nach Neigung und persönlichem Zeitbudget im Leben der Kirche einzubringen.

- Die Pastoral der konzentrischen Kreise, wo in der Mitte der Pfarrer, um ihn herum die Hauptamtlichen und der Gemeinderat stehen und Ring um Ring andere Gruppierungen immer weiter weg von diesem Kern, ist einer Pastoral gewichen, die pastorales Handeln eher in einem Netz verortet. Bestimmte Projekte zeigen pastorales Handeln auf. Zugleich wird es wichtig sein, den Zusammenhalt der Kirche zu sichern. Mit Rolf Zerfass geht es um eine stete Verchristlichung der Kirche und Verkirchlichung der Christen, also eine stete Bewegung von innen nach außen und des Soges von außen nach innen.

- Die Kraft der Pfarrgemeinderäte (PGR) ist ausgelaugt. Das Interesse an gemeinsamer »Überblicksverantwortung« für alle Bereiche, das sich in den Räten zeigen sollte, ist nur bei wenigen vorhanden und im Rahmen einer pluralen Ermöglichungspastoral als leitendes Handeln nicht angemessen. Weder ein PGR als Organ, in dem alle Gruppen, Ortsteile und Themenfelder repräsentiert sind, noch ein PGR, der sich als demokratisches Leitungsorgan verstehen würde, entfaltet eine zufriedenstellende Dynamik. Leitungshandeln heute wird nicht mehr alle Fäden im Griff haben wollen und können, sondern Räume und Möglichkeiten eröffnen und bei bestimmten Extremen Grenzpflöcke einziehen. Dies braucht kleine kompetente und kommunikative Leitungsteams, die sich zwar öffentlich anerkennen lassen, die aber ihre Anerkennung nicht durch einfache Urwahlen bekommen können. Vielleicht braucht es da eher Gemeindeversammlungen, die darüber abstimmen.

- Die jahrgangsweise Katechetisierung der Kinder und Jugendlichen durch Erstkommunion- und Firmkatechese führt nicht zu einer bleibenden Bindung an Gemeinde und/oder Kinder- und Jugendgruppen. Für Kinder und Jugendliche braucht es – wie für Erwachsene – Ereignisse, die sie über Zeit und Gelegenheit ansprechen, die Begegnungen mit der Kirche und mit Gott ermöglichen und an denen sie spüren, dass ihre Lebensthemen anklingen und verwandelt werden können.

Und jetzt?

Nachdem Probleme und Veränderungen benannt und Skizzen entworfen wurden, stellt sich die Frage danach, wie es nun weitergeht. Nicht mehr die Pfarrei und deren Leben werden im Mittelpunkt der Kirchenentwicklung stehen, sondern die Sendung, dass das Reich Gottes allen Menschen dieser Zeit erfahrbar wird. Nicht der Pfarrer wird dabei die Schlüsselrollen übernehmen, sondern alle Christgläubigen sind aufgrund von Taufe und Firmung in der Verantwortung. Somit gibt es einen Wandel von der Volkskirche – der »Kirche für das Volk« – zur Kirche des Volkes Gottes. Wir müssen uns ausstrecken, müssen auf die Zehenspitzen, um die neue Zukunft zu sehen und zu erreichen.

Drei Felder will ich in diesem Buch abschreiten: Ich will über Orte nachdenken, weil der Mensch ein Wesen im Raum ist und weil Orte für unseren Glauben ganz wichtig sind. Die teils hochemotionalen Reaktionen, wenn Orte sich ändern oder gar aufgegeben werden sollen, sind nicht einfach traditionell geprägte Gefechte der Gestrigen, sondern hochsensible Prozesse, die die Sicherheit und Verbindlichkeit unseres Glaubens betreffen.

Ich will genauer hinschauen auf die Menschen, deren Beziehungsfähigkeit und Wandlungsfähigkeit das wichtigste Potential der Verkündigung ist. Sowohl die Menschen, die sich existentiell in Sakrament, Gelübde und Lebensform oder in ihrer beruflichen Entfaltung stabil an die Kirche gebunden haben, als auch die Menschen, die ihr Alltagsleben als Christinnen und Christen mit der Kirche und durch sie mit Gott leben wollen, erleben tiefgreifende Veränderung, die Verunsicherungen bringen und die Motivation zu neuen Aufbrüchen brauchen. Dabei geht es nicht zuletzt um ein fruchtbares Begegnungsgeschehen im weitesten Sinne.

Ich will schließlich hinschauen, welche Ausprägung heute die Steuerung der Kirche durch die Verantwortlichen der Diözesen und der Weltkirche haben kann und muss, um die Kirche als »katholische« zu fördern und zu festigen. Die Verwandlungsprozesse der letzten Jahrzehnte scheinen ja eher von dieser Seite, vor allem von den Bistumsverwaltungen, eingeleitet worden zu sein. Diese Steuerungsimpulse haben nicht selten das Vertrauen belastet und die schon beklagten Gräben zwischen den Gruppen an der Basis und der bürokratischen Verwaltung vertieft. Das muss doch auch anders gehen.

Dadurch will ich dazu beitragen, dass wir den Wandel von der Volkskirche zur Kirche des Volkes Gottes schaffen und uns hoffnungsfroh auf den Weg durch diese Zeit machen.

Orts-
besichtigungen

2

Moderne Architektur lässt manchmal nur noch, so auf diesem Bild zu sehen, Durchblicke auf die alten Kirchen zu. Die Orte sind nicht mehr eindeutig bestimmt und klar christlich erkennbar.

Wo fühlen wir uns als Glaubende zu Hause? Was sind biographisch wichtige Orte in der Nähe und der Ferne?

Was braucht es dazu, dass ich an einem Ort allein und mit anderen meinen Glauben leben kann?

Doch unser Glaube braucht Orte, räumliche Bezüge. Diese Orte haben mit der persönlichen Geschichte zu tun wie mit dem gemeinsamen Weg aller Christinnen und Christen. Sie bilden einen inneren und individuellen Ankerplatz, bieten Sicherheit und Rückzugsmöglichkeit. Sie sind zugleich öffentlich und wirken für viele als Symbole der Gegenwart Gottes. Unser Glaube orientiert sich nicht an Organisations- und Verwaltungsstrukturen. Er erinnert sich an Ereignisse, an Begebenheiten, die in der Geschichte, in Raum und Zeit relevant sind. Beim Einzelnen sind es bestimmte Bilder, Farben, auch Düfte, der Klang von Glocken und Orgelspiel, die haften bleiben. Sie haben eine Bedeutung für die innere Anbindung an Glaube und eigenes Leben.

Darum sind die Veränderungen der Orte auch im Rahmen der Neuordnung der Pastoral symbolisch aufgeladen. Darum kämpfen Einzelne und Gruppen, ganze Gemeinden um ihre Kirchen, selbst wenn sie wissen, einen »eigenen« Pfarrer wird es dort so schnell nicht mehr geben. Kirchliche Orte sind eben nicht nur »Funktionsräume«, in denen Gottesdienste gefeiert werden. Weil sie Symbole der Gegenwart Gottes sind, sind sie geweiht oder gesegnet.

Kirchorte

So gehen wir in unsere Kirchengebäude, nehmen ihre Art des Willkommens wahr und versuchen zu spüren, ob sie unserem Lebensgefühl entsprechen, ob wir uns in ihnen geborgen fühlen.

Kirchenbau nicht mehr zu halten?

»Unsere Kirche bleibt im Dorf.« Sie prägt das Dorf. Nicht selten ist sie Wahrzeichen des Ortes, bleibt in ihrer architektonischen Sprache unübersehbar. Sie ist Erinnerung an die Wegweisung Gottes an diesem

Ort und in dieser Zeit. Ihr Kirchturm ist Zeigefinger zum Himmel. »Ihr dürft nicht einfach unsere Kirche zumachen.« Die Mehrheit der kirchlich verbundenen Menschen, aber nicht selten noch mehr die Menschen, die nicht regelmäßig am kirchlichen Leben teilnehmen, ringen um den Bestand ihrer Kirche. »Es reicht nicht, dass sie uns keinen Pfarrer mehr schicken, jetzt nehmen sie uns auch noch die Kirche weg.« Diese Bindung an den Kirchraum zeitigt dann aber auch Probleme. Was folgt daraus, dass die Kirche im Dorf oder Ortsteil bleibt? Wer sorgt sich um sie?

Finanzierung und Bauunterhaltung

Es muss möglichst transparent gemacht werden, was es kostet, einen Kirchbau, der – auf den ersten Blick – nicht mehr ausreichend genutzt werden kann, zu unterhalten und zu erhalten. Sowohl die Bistumsleitung als auch die Kirchengemeinden und ihre Stiftungen und Verwaltungen vor Ort müssen diese Transparenz herstellen. Aufgrund der wirtschaftlichen Analyse kann dann entwickelt werden, ob und unter welchen Bedingungen andere Träger gefunden werden, die ermöglichen, den Bau zu erhalten oder zumindest eine Sicherung des Baus auch bei längerer Nichtnutzung zu schultern. Gerade die symbolische Aufladung der Kirche, aber auch ihr architektonisch-denkmalpflegerischer Status sollten vor einer schnellen Entscheidung zur Umnutzung oder zum Abriss als motivierende Bremse dienen.

Umnutzung und Förderung der Feierkultur

Wenn eine Erhaltung denkbar ist, dann ist zu vereinbaren, welche Nutzungsbedingungen sinnvoll sind und welche Veränderungen hilfreich und notwendig. Gerade wenn eine Nutzung als Gebets- und Gottesdienstraum weiter geplant ist, wäre zu schauen, wie zum einen die Symbolik nach außen erhalten bleibt. Zum anderen kann ja auch die Umnutzung von wichtigen Teilen des Kirchbaus den Raum verändern und im besten Fall einen Mehrwert erbringen.

Der Kirchraum kann dann ganz neu die gottesdienstliche Gemeinschaft fördern. Zugleich werden mit entsprechendem Konzept Kosten, vor allem die Energiekosten, reduziert. Dazu muss geklärt werden, ob eine Voll- oder Teilnutzung als Gottesdienst- und Kirchenraum sinnvoll ist und ob gegebenenfalls andere Funktionen den Erhalt der Kirche stützen können. Nicht selten werden es – bei entsprechendem Nutzungskonzept – Versammlungsräume sein, auch Verwaltungseinheiten, Orte für diakonische Projekte oder Wohnraum. Als diakonische Einrichtung kann die Kirche oft neues Ansehen gewinnen.

Bedeutung als öffentliches Symbol und Folgen daraus

Der Kirchbau ist in der Regel ein öffentlich sichtbares Zeichen. Gerade wenn seine ursprüngliche Weiternutzung nicht mehr möglich ist, braucht es besonnene Wege der Umnutzung. Das, was durch das Gebäude symbolisiert wird: Gottesnähe, Gemeinschaft, Offenheit, Humanität, darf durch die Umnutzung nicht ins Gegenteil verkehrt werden.

Eine zerfallende Kirchruine, die keinen Hinweis auf die lebendige Kirche behält – etwa durch Information und Dokumentation, durch die Ermöglichung von Besichtigung und Gebet –, ist ein schrilles Zeichen für den Tod der Gemeinde und der Kirche. Ein solches »Diabol« muss vermieden werden. Darum braucht es Kontaktpersonen, die für diese Gebäude Mitverantwortung tragen, die sie offen halten und nach Möglichkeit dort beten.

Ein hilfreiches Symbol der Zusammengehörigkeit im größeren kirchlichen Raum ist es, wenn bestimmte Jahresereignisse (wie zum Beispiel Kirchweihfeste) dann doch auch wieder einmal an diesem Ort quasi als Stationsgottesdienst gefeiert werden.

Die Umnutzung von Kirchen bedarf einer Transparenz auf den Zusammenhang zur ursprünglichen Nutzung, auch nach einer eventuellen Profanierung.

Profanierung und Umwidmung sind schließlich weitere Möglichkeiten, die nach einem entsprechenden Prozess der Kommunikation in Kirche und (!) kommunaler Öffentlichkeit bedacht und umgesetzt werden können. Der Zusammenhang mit sozialem und kulturellem Leben soll nach Möglichkeit gesichert werden. Vor einer Umnutzung mit rein ökonomischer Ausrichtung oder gar in Bereiche, die kirchliche Werte konterkarieren, sollte Abstand genommen werden. Dass eine Kirche nicht zu einem Bordell umfunktioniert werden darf, darüber wird schnell Konsens herzustellen sein. Die Neunutzung als Ausstellungsraum wird bei einigen die Frage nach dem aufwerfen, was gezeigt wird. Für mich ist eine Umnutzung der Kirche als »Gasthaus« eine schöne Metapher: Wir sind bei Gott und untereinander zu Gast. Eine solche Umwidmung mag für die einen darum eine gelungene Weiterführung für einen Kirchenraum sein, für andere – mit Assoziationen in Richtung Exzesse – nur schwer erträglich.

Es gibt letztlich auch nicht umgehbare Entscheidungen zum Abriss, so zum Beispiel, wenn der Bauzustand so schlecht und der kulturell-architektonische Wert so gering sind, dass jede Investition widersinnig wäre. Dann sind erst recht würdige Formen der Verabschiedung notwendig. So kann der »Umzug« an einen neuen Ort inszeniert werden. Dabei sollte nach Möglichkeit bleibend an die Glaubensgeschichte des aufgegebenen Ortes erinnert werden, in Form eines Denkmals, einer Plakette oder eines Hinweisschildes. Der ehemalige Kirchort ist auch Glaubensort von Generationen vor uns und darf nicht einfach in Vergessenheit geraten.

Die Kirche – unsere bleibende und zukünftige Mitte

Die größeren kirchlichen Einheiten werden eine Polarität der Orte brauchen. Sicher gibt es dann einen oder mehrere »zentrale Orte« für die sonn- und feiertägliche gemeinschaftliche Eucharistiefeier. In diese neuen zentralen Pfarrkirchen bringen die anderen, früher eigenständigen Gemeinden etwas ihnen Wichtiges mit und werden damit bleibend die Gestalt der neuen zentralen Kirche verändern. Vielleicht ist das ein sichtbares Zeichen, ein religiöser Kunstgegenstand, vielleicht eine spezifische Tradition oder eine Erinnerung an das, was aufgegeben worden ist. Die Annahme eines Ortes als neues gemeinsames Zentrum braucht dringend solche Ausdrucksformen, damit das Herz nicht weiter dem Verlorenen nachtrauert.

Zugleich werden die anderen Kirchengebäude zu neuen Kristallisationspunkten der Gläubigen und der feiernden Gemeinden. Sie sind nicht mehr »Pfarrkirche« und als solche ein alle verbindender Ort. Und doch können mehrere solcher Kristallisationspunkte – mit Gebetsgottesdiensten und Stationsgottesdiensten zu bestimmten Zeiten, als Wallfahrtsorte und Erinnerungsorte für biographische Ereignisse – dazu beitragen, dass die Präsenz von Gott und seiner Kirche dauerhaft erinnert wird. Weil eben nicht mehr überall sonntags Eucharistie gefeiert werden kann, wäre Kirche so dennoch – im Kirchbau bleibend sichtbar – vor Ort erfahrbar.

Öffentliche Orte

Neben den Kirchengebäuden gibt es weitere Orte, die die Präsenz der Kirche ausdrücken: Das sind die Pfarrhäuser und Gemeindezentren, das sind aber auch Kindertagesstätten und Sozialstationen, das sind Pflegeheime, Beratungsstellen und Bildungshäuser (auch der kirchlichen Verbände), das sind Klöster und Kommunitäten, das sind Kapellen und Kreuzwege oder Grotten und Wegkreuze ... Sogar etliche öffentliche Plätze strahlen die Atmosphäre unserer Kirchen aus.

Wo sind in unserem Umfeld solche Orte und haben sie ein Bewusstsein davon, Kirche zu symbolisieren?

Gerade die diakonischen Einrichtungen können als fachliche Einrichtungen leicht diese Identifikation mit dem Gesamtdienst der Kirche verdeutlichen. Darum wird es wichtig sein, sie als »Ankerpunkte« vor Ort zu begreifen und sie zu stützen, Informationsbörse und Knotenpunkt für die Kirche insgesamt zu bleiben oder zu werden.

Zugleich werden auch hier einzelne Orte, die in einer Zeit größerer finanzieller Mittel und hoher aktiver Beteiligung errichtet wurden, neue Nutzungskonzepte brauchen oder sogar aufgegeben werden müssen. Ein Pfarrzentrum zum Beispiel für zwei Treffen pro Woche kann sich keiner leisten; es wäre so auch ein schlechtes Signal nach außen. Zur nüchternen Entscheidungsfindung gehört zugleich aber die Sensibilität gegenüber denen, die mit diesen Häusern viel verbinden.

Die Gemeinschaften des geweihten Lebens, die Klöster und Ordenskommunitäten sind wichtige Orte, die eine Brücke zur Kirche als Ganzer und zur Ortskirche schaffen. Auch sie sollten einbezogen werden und sich selber einbeziehen als öffentlich sichtbare Orte, die den Kontakt zu Glaube und Kirche im Nahbereich ermöglichen.

Gerade im ländlichen Raum gab es immer wieder Bewegungen, welche private Kapellen und Wegkreuze errichtet haben. Nicht selten waren es Familien, die durch eine eigene wichtige Gnadenerfahrung motiviert, initiativ wurden. Manchmal sind es auch Ausdrucksformen dafür, dass sie gottverbunden und kirchenverbunden bleiben, auch wenn sie wegen der beruflichen und familiären Situation am kirchlich-gemeindlichen Leben nicht teilnehmen können. Ob die Stiftungsmotivation nach manchen Generationen noch ausreichend Kraft hat oder ob es andere Verantwortungsträger braucht, diese öffentlichen Zeichen zu pflegen, gehört zu den wichtigen Fragen, die es vor Ort zu klären gilt.

Wichtig ist, dass Kirche sichtbar bleibt, dass sie nicht im Privatraum verschwindet. Das, was dann jedoch sichtbar ist, muss Zeichen sein für echte und glaubwürdige Lebensorte des Glaubens und der Gegenwart Gottes.

Biographieorte

Orte des Christseins sind nicht nur Gemeinschafts- und öffentlich klar erkennbare Orte. Jeder Einzelne kennt in seinem Leben bestimmte Orte, die mit wichtigen biographischen Erfahrungen verbunden sind: Die Tauf- und Traukirche kann zum Beispiel eine solche Rolle spielen. Ganz wichtig sind auch die Grabplätze, die an die Vorfahren erinnern. Es können aber auch Erinnerungen an bestimmte Lebensphasen sein – von den Spielorten der Kindheit über die Orte der experimentellen Jugendphase bis hin zum höheren Alter: Jugendhäuser oder Wallfahrtswege, Strecken von Wanderwegen und Radtouren ... Jede Veränderung von räumlichen Strukturen muss sich dessen bewusst bleiben, dass sie damit auch Emotionen beim einen oder anderen berührt. Wer vielleicht nach langer Zeit wieder einmal auf der Suche nach seinen ursprünglichen Glaubensspuren ist und nichts mehr vorfindet, kann durch diese Erfahrung tieftraurig werden. Wie aber kann bei aller nötigen Veränderung auch die bleibende Bedeutung solcher Orte gewürdigt werden? Dies mitbedenkend, werden die nötigen Veränderungen versuchen, alte Spuren erinnerlich zu lassen. Die Geschichtsarbeit der Kirchen spielt dabei eine wichtige Rolle und soll nicht unterbewertet werden.

Als Biographieort dient jedoch auch mein privater Wohn- und Lebensraum. Das Kommunionkreuz am Bett etwa kann erinnern, die Bildwand mit den Vorfahren, der »Herrgottswinkel« früherer Tradition oder eine Wand mit entsprechenden Sinnsprüchen. Es ist sicher wertvoll, Menschen zu unterstützen, ihre privaten religiösen Biographieorte zu gestalten.

Verwaltungsorte

Die Verwaltung unseres Lebens hat in den letzten Jahrzehnten einen immer gewichtigeren Raum eingenommen. Die Rolle der Pfarrbüros oder der Gesamtverbands-Verwaltungen ist im kirchlichen Bereich Zeichen dafür – so wie im kommunalen Bereich die Gebietsratshäuser und später die Ortsverwaltungen und Bürgerbüros. Verwaltung hat eine Tendenz zur Zentralisierung, wie eine Spirale; sie zieht an, hält aber nicht alles als Selbstzweck fest. Kirche muss vorsichtig sein, damit sie sich nicht noch mehr zu einer Verwaltungszentrale in der Logik der Bürokratie entwickelt, wonach die Verwaltung das Zentrum ist. Gerade vor dem Hintergrund der computergestützten Verwaltungsführung wäre viel daranzusetzen, dass die Menschen an vielen Orten ansprechbare Personen finden, um das, was sie brauchen, auch finden und klären zu können. Um Kontakt mit »der Pfarrei« zu bekommen, können ein gemeinsames Telefonnetz und ein ordentliches Computer-Kommunikationssystem ausreichen – und für die Menschen, die dazu aufgrund ihres Lebens keinen Zugang haben, eine Person, die ansprechbar ist und diese Brücke schlägt. Verwaltungsorte dürfen nicht zu den einzig sichtbaren Orten werden.

Orts- und Weltkirche

Kirche lebt nicht nur vor Ort, sondern sie lebt als Ortskirche des Bistums und der ganzen Welt. Wie eine Glaskugel spiegelt der Glaube Facetten des ganzen Lebens. Darum wird es wichtig sein, die Bistumskirche und die großen Symbolorte der Heilsgeschichte und der Heiligen als Wallfahrtsorte zu pflegen und darzustellen. Christen sind immer wieder Wallfahrer auf dem Weg zu solchen relevanten Plätzen. Es sollten ausdrücklich gemeinsame Wege dazu entwickelt oder neu gegründet werden. Jakobswege, Bonifatiusrouten usw. sind solche neu kultivierten Orte, die für Einzelne biographisch wichtig werden, die aber auch an einzelnen Stationen ausdrücklich ins kirchliche Leben und die Glaubenskommunikation verwoben werden können. Diese Orte sind dann geprägt durch beides: durch Kirchbauten als Stein gewordene Geschichte ebenso wie durch konkrete Personen, die eine eigene Ausstrahlung besitzen.

Zeiten

3

Wann ist Zeit zum Aufbruch, wann zum Ausruhen? Wann ist Zeit für Gemeinschaft, wann Zeit dafür, allein zu sein, wann sich im kleinen Kreis zu bewegen? Die Erfahrungen des religiösen Lebens zeigen sich im rhythmisierten Leben unserer Glaubenstradition. Zum Rhythmus gehört auch die Musik. Viele Menschen, zum Beispiel die »Beatles-Generation«, sind durch bestimmte Stilepochen geprägt. Solche Musikstile transportieren über die Zeiten hinweg eigene Emotionen. Zu bestimmten Festen gehört, je nach eigener Prägung, die richtige Musik, damit »alles stimmt«. Für manchen sind das die Traditionslieder aus Wallfahrten, für andere die Neuen Geistlichen Lieder ihrer Jugend oder große Musiktraditionen, die sich immer fortschreiben, wie die Bach-Oratorien oder das klassische Ave Maria: Wenn das erklingt, werden Erinnerungen an bestimmte Zeiten geweckt und Emotionen wachgerufen.

Die Gestaltung der Heiligung von Tag, Woche, Jahr und Leben sind in ihrer Bedeutung durchbuchstabiert und je nach Lebensformen und -möglichkeiten immer wieder adaptiert worden. In der Entfaltung der volkskirchlichen Tradition stand lange Zeit die Feier des Sonntags und des Kirchenjahres im Mittelpunkt. Die Tagzeiten, das Stundengebet, wurden fast nur in den Ordensgemeinschaften gebetet. Die »täglichen Gebete« morgens, abends und zu den Mahlzeiten waren zwar Pflicht, aber außer dem Tischgebet doch nur noch selten Familiengebete, eher Sache des Einzelnen. Klare Zeiten der Glaubensvertiefung und Erneuerung waren im Verlauf der Jahrhunderte weitgehend in den Hintergrund getreten.

> Alles hat seine Zeit. Es gibt auch Zeiten für Kirche und Gemeinde. Die Kalender und die Lebensformen haben jedoch die Zeitordnung sehr stark dem Einzelnen zugeordnet. Die rechte Zeit zu finden heißt, dem Einzelnen und seinem Glauben und Leben Zeit zu schenken.

Die Zeiten verändern sich, die Lebensformen verändern sich. Eine neue Kultivierung der Zeit wird den christlichen Glauben in der Gegenwart vertiefen:

- Die Konstruktion des Lebens ist mehr denn je zur Privatsache geworden oder zur Sache der instabileren Familienkontexte. Dazu kommt, dass die Familie als religiöse Keimzelle zwar auch noch vorkommt, aber keinesfalls die Regel ist. Von daher sollten gerade die einzelnen Christen darin gestärkt werden, ihre Tage vor Gott zu kultivieren. Dass Christinnen und Christen im nahen Lebensraum zusammenkommen, um gemeinsam ihren Glauben zu leben und zu reflektieren, ist unbedingt zu fördern.

➠ Die Lebensformen und die jeweiligen Zeitbudgets haben sich aufgrund veränderter Arbeitsbedingungen und Formen des Zusammenlebens so verändert, dass der Sonntagmorgen nicht mehr selbstverständlich als gemeinsame und freie Zeit für die Feier der Eucharistie der Gemeinde verstanden und gelebt wird. Bei Wochenendbeziehungen, bei Schichtarbeit, bei Belastungen durch jüngere Kinder, vor dem Hintergrund der gewandelten Freizeitgestaltungen usw. ist für etliche der Sonntagmorgen die einzige gemeinsam kultivierbare und erlebbare Zeit; und diese wird zu Hause verbracht. Dann flexibel zu sein und nach den jeweiligen Gottesdienstzeiten und -formen zu schauen, ist für viele eine Zumutung. Andere Zeiten, wie der Sonntagabend, werden von bestimmten Milieus hingegen gerne als Gottesdienstzeit angenommen. Wieder andere können und müssen aufgrund ihrer Lebenswirklichkeit unter der Woche ihren Ankerpunkt für die Feier der Eucharistie finden.

Jeder Tag hat seine Herausforderung. Wer den Tag ordnen kann, wenigstens mit den wichtigen Grenzpfeilern am Morgen und Abend, hat schon viel geschafft. Vieles davon geht gemeinsam besser.

➠ Die Konzentration – auch Reduktion – der gemeindlichen Frömmigkeit auf die Eucharistiefeier und die Möglichkeit, fast zu jeder Zeit an jedem Ort »seine« Messe mitfeiern zu können, hat in der Vergangenheit die Bindung der Christen an die Priester verschärft. Die eigene Verantwortung der Einzelnen für eine gemeinschaftlich gefeierte Frömmigkeitsform trat in den Hintergrund. Die Situation heute ist dadurch geprägt, dass zum einen theologischerseits betont wird, dass die Einheit der Gemeinde sich in der Sonntagsmesse zeigt. Andererseits wird den Christinnen und Christen zugemutet, dass es weniger Priester und weniger Kirchengebäude und weniger Messfeiern gibt. Die Möglichkeit, an der Messfeier teilzunehmen, ist zunehmend erschwert. Muss darum nicht neu die Frage gestellt werden, was das für jeden Einzelnen bedeutet?

Tagzeiten

Es ist wertvoll, für die Einzelnen tragfähige Angebote zu schaffen, die es erleichtern, den Tag vor allem mit Impulsen am Morgen und Abend zu gliedern. Am Morgen kann es per Radio das »Wort in den Tag« sein, am Mittag eine einfache Erinnerung durch die Kirchenglocken, am Abend eine besinnliche Musik, zum Beispiel als gemeinsames Angebot in den Kirchen der Gemeinden. Aber auch die Möglichkeiten der Internetkommunikation (Websites, Apps, Mailing) und die verschiedenen gedruckten Angebote (zum Beispiel

Paulus-Kalender, Magnifikat, Der andere Advent) können wertvolle Impulse geben.

Auch die Tradition des Glockenläutens zu wichtigen Tagzeiten kann wieder ein Erinnerungszeichen werden. Dabei ist jedoch auch die Lebenskultur der Menschen in der Nähe der Glocken zu berücksichtigen: In einem Wohnviertel mit vielen Schichtarbeitern kann das Tagzeitenläuten auch zur Belastung werden.

Stellvertretendes Beten gehört schon immer zur Praxis unserer Kirchen, nicht zuletzt das Stundengebet ist Gebet in Stellvertretung für alle. Viele Kranke zu Hause sehen darin ihren Dienst. Das Wissen darum sollte gepflegt werden und die Menschen könnten zu bestimmten Gebetsanliegen eingeladen werden.

Die Möglichkeiten, in Kirchen in Fürbittbüchern oder an »Klagewänden« oder in anderer Form seine persönlichen Gebete »abzulegen«, können zugleich als Einladung genutzt werden, in diesen Anliegen gemeinsam zu beten.

Es ist wertvoll, wenn es bestimmte Zellen gibt, kleine Gemeinschaften, die sich an bestimmten Orten zu bestimmten Zeiten zu Gebet oder Glaubensgespräch versammeln. Diese Orte, Zeiten und Formen sollten bekannt sein, damit andere einfach einmal dazustoßen können. Auch die werktägliche Eucharistiefeier, an festen oder auch wechselnden Orten, dezentral, kann dies gut leisten. Gerade die Kirchorte, an denen keine regelmäßige Sonntagsfeier möglich ist, können dadurch als wertvolle Orte des Gebets erfahren werden. Auch sollte die Feier mit Kranken in deren häuslichem Bereich möglich sein.

Es wird wichtiger werden, immer wieder, zum Beispiel zu besonderen Kirchenjahrszeiten, zu solchem alltäglichen Gebet oder zum Gespräch einzuladen, um denen, die sonst eher allein sind, Gemeinschaftserfahrungen zu ermöglichen.

Viele dieser Formen stellen Gelegenheiten dar, dass Christen aller Konfessionen auf unkomplizierte Weise miteinander beten können.

Wochenzeiten und Kirchenjahrszeiten

Im Verlauf der Woche spielt das »Wochenpascha«, die Feier des Sonntags als Tag der Auferstehung, eine besondere Rolle. Die Woche und das Jahr liegen vor uns wie eine schön strukturierte Muschel. Wer sie bewusst anschaut, wird sich ihrer Schönheit bewusst. Die Erinnerung an die frühen Christen, die für die sonntägliche Feier der Eucharistie (»Ohne Herrenmahl können wir nicht leben« – Märtyrer von Karthago im Jahr 304) bereit waren, das Martyrium zu erleiden, ist im Verlauf der Kirchengeschichte – man kann sagen: leider – nicht der

Regelfall geblieben. Zu bestimmten Zeiten der Kirchengeschichte musste den Christen sogar die jährliche Osterkommunion als Pflicht auferlegt werden. Lange Zeit war vorrangig die Schaufrömmigkeit Ziel persönlicher Andacht. Die Mitfeier der Messe war Sache der Kleriker; der Gemeinde war der Rosenkranz empfohlen. Seit Beginn des 20. Jahrhunderts (Pius X., 1905) wurde der regelmäßige sonntägliche, besser noch: tägliche Kommunionempfang wieder eingeschärft; zu anderer Zeit eher die monatliche Standeskommunion (Männer, Frauen, Jugend). Immer wieder war anerkannt, dass Menschen aufgrund der Verantwortung für andere (Elternpflichten, Krankenfürsorge, berufliche Pflichten) nicht der strikten Sonntagspflicht unterlagen. Über Zeiten hin war eine Haltung der familiären Stellvertretung selbstverständlich: Aus jeder Familie feierte einer den Gottesdienst mit, die anderen, die zu Hause blieben, wurden durch das Glockenläuten bei der Wandlung (und mancherorts beim Evangelium) wenigstens aufmerksam gemacht. Als Kirchenbindung immer mehr Privatsache wurde, begann man verstärkt jedem Einzelnen die Pflicht zur Mitfeier der Sonntagsmesse aufzuerlegen, und man war weniger bereit, die Stellvertretung durch ein Mitglied der Familie zu akzeptieren. Und obwohl die Sonntagspflicht als Gesetzesnorm im Katechismus betont wurde und es durch eine Vielfalt von Messzeiten wirklich so einfach wie nie war, den Sonntag mit einer Eucharistiefeier zu heiligen, sind die Zahlen der Sonntagsgottesdienstfeiernden beständig geringer geworden. Der heutzutage lauten Klage, dass den Gemeinden durch die geringere Priesterzahl das Recht der Gemeinde auf Eucharistie vorenthalten wird, kann meines Erachtens nur bedingt zugestimmt werden. Es gilt vielmehr, die Sonntagsheiligung als freie Entscheidung der Einzelnen und der Gemeinschaften zu betonen und zu leben und eine neue Kultur der Feier der Liturgie zu entwickeln.

Zu Recht wird angemahnt, jenseits der Pflicht auch nach der Gestalt von Liturgie und Predigt zu fragen und danach, ob es wirklich gelingt, dem Menschen durch diese Feier hilfreiche Impulse für das Alltagsleben mitzugeben.

> Sonntagsheiligung ist wichtig. Die Eucharistie steht im Mittelpunkt, aber viele andere Elemente können helfen, gemeinsam den Sonntag zu feiern. Nicht Pflicht, sondern Stärkungen von Gott her in der Kirche steht im Zentrum.

Die sonntägliche Feier der Eucharistie in der Gemeinschaft der Christen am Ort bleibt sicher das zentrale Geschehen gelebter Sonntagskultur. Wenn dies aus verschiedenen Gründen nicht an jedem Ort, in jeder Kirche und Kapelle möglich ist, wird es umso wichtiger, an den erreichbaren Zentralorten (Kriterien: Erreichbarkeit und Größe der Kirche) sonntags Eucharistie zu feiern. Wichtig für die Kultur dieser zentralen Feier ist:

- Vorrangig ist der Gemeinschaftscharakter: Kirche von NN feiert Sonntag. Darum ist darauf zu achten, dass die Feier unter Beteiligung etlicher gut vorbereitet und gestaltet wird. Verschiedene Gruppen und »Milieus« bringen ihre Fähigkeit in den Gottesdienst durch das Allgemeine Gebet (Fürbitten), durch Musik, durch bestimmte Symbolzeichen ein. Im Blick bleibt dabei jedoch der Anspruch der Gemeinsamkeit in Feier und Gebet und Verkündigung. Überall wo das möglich ist, sollte die Gemeinschaft durch Begegnung vorher und/oder nachher gefördert werden. Ausdrückliche Sorge gilt den kleinen Kindern – mit ihren Eltern – und den Kranken und in ihrer Mobilität Behinderten. Die Gemeinschaft wird auch dann besonders erkennbar, wenn aus dieser Feier heraus Menschen zu denen, die nicht mitfeiern können, ausgesandt werden, um mit ihnen – im doppelten Sinn – die Kommunion zu teilen. Im Umfeld dieser Sonntagsfeier ist auch der Raum zu schaffen, der wichtige gemeindliche Kommunikation ermöglicht.

- Für viele wird die Feier des Sonntags auch dadurch wichtig, dass sie durch die Verkündigung angesprochen werden und wichtige Stärkung im Wort Gottes und in seiner Auslegung empfangen können. Der Predigt kommt darum eine wichtige Aufgabe zu. Eine Hilfe dabei kann die regelmäßige Vorbereitung und Gestaltung der Predigten in Gemeinschaft verschiedener Christgläubigen sein, ohne dabei die Verantwortung der Priester und Diakone zu schmälern. Wünschenswert wäre hier, die nachsynodalen Regelungen der »Laienpredigt« wieder aufzugreifen und andere dialogische Formen neu zu kultivieren.

➠ Auch die Bereitstellung solcher geistlichen Impulse in anderen Medien – die Fernsehgottesdienste, die Internetangebote – hilft, Menschen an der Gemeinschaft der Kirche teilhaben zu lassen.

Den Priestern ist in der Regel zuzumuten, dass sie zwei Sonntagsmessen feiern, darunter, je nach Verhältnissen, eine Abendmesse (Samstag oder Sonntag). Zu vermeiden ist, dass sie durch Fahrwege so unter zeitlichem Druck stehen, dass außerhalb der Liturgie keine Begegnung mehr mit den Mitfeiernden möglich bleibt. Eine »Organisation« der Messzeiten mit regelmäßig drei Sonntagsmessen ist dringend zu vermeiden: Der Druck und die Unsicherheiten werden groß, wenn durch gesundheitlichen Ausfall eines Priesters, Urlaubs- und Reisezeiten ganze Ordnungen nicht mehr eingehalten werden können. Es ist auch wichtig, dass es einen Freiraum gibt, dass Priester mit bestimmten Gemeindegruppen (Kindern und Jugendlichen, Familien- oder Verbandskreise) eine spezifische Messe feiern können. Mit den Priestern im Ruhestand muss deren Mitwirkung individuell geklärt werden, besonders vor dem Hintergrund ihrer physischen und geistig-geistlichen Belastbarkeit. Eine Sonntagsordnung auf Dauer auf sie zu stützen, ist äußerst problematisch. Auch sie brauchen, wenn sie nach ihrer Lebensleistung nicht mehr in geistlicher Gelassenheit und Konzentration ihren Dienst tun können, am Sonntag Formen in der gemeindlichen Beheimatung.

Wenn nicht mehr an allen Orten sonntags Eucharistie gefeiert werden kann, ist dennoch nicht allen Menschen zuzumuten, jeden Sonntag an einen anderen Ort zu fahren. Dabei spielt die familiäre Situation ebenso eine Rolle wie die gesundheitlichen und altersbedingten Belastungen. Für manche wird ein Fahrdienst hilfreich und annehmbar sein, für andere wird dies als Regelform zu viel.

Darum und weil sich Kirche als Gemeinde vor Ort konstituiert sollten Möglichkeiten geschaffen werden, damit an den nicht-zentralen Kirchen gottesdienstliche Feiern gehalten werden können:

- als Formen der kirchlichen Tagzeitenliturgie (Laudes und Vesper),

- als Wortgottesfeiern – vielleicht auch an bestimmten Tagen mit anderen Konfessionen zusammen,

- als Stationsgottesdienste mit Eucharistiespendung, wenn aus dem Hauptgottesdienst der Gemeinde durch einen Diener der Eucharistie die Kommunion gebracht wird und dann gemeinsam Gottesdienst gefeiert wird,

- als spezifische Gottesdienstfeiern, zum Beispiel Gottesdienste der Familien mit Kleinkindern (was auch sinnvoll ist, wenn in dieser Kirche sonst nur eine Abendmesse stattfindet, also zu Zeiten, die für die Familien schwer anzunehmen sind),

- als Zeiten der eucharistischen Anbetung (Lobpreis-Gottesdienste),

- in Formen der Volksfrömmigkeit, zum Beispiel speziellen Prozessionen zu besonderen Anlässen.

- In den Kirchen, an denen keine Sonntagsmesse gefeiert wird, sollte regelmäßig (jede Woche oder alle 14 Tage) eine Werktags-Eucharistiefeier angeboten werden.

- Auch an den Werktagen sollte die regelmäßige Kultur einer Gebetszeit gepflegt werden – vielleicht nur im kleinsten Kreis, vielleicht besonders als Akzent am Todestag Jesu, dem Freitag. Es ist Ausdruck der Christen rund um die jeweilige Kirche und Symbol nach außen, dass nicht nur der Bau, sondern auch die heilige Zeit mit betenden Menschen für die Kirche steht.

Solche Feiern führen Christinnen und Christen ortsnah zusammen und fördern ihr Bewusstsein, vor Ort Kirche zu sein.

Zentrale Feste des Kirchenjahrs sollen jedoch gemeinsam am Hauptort eines größeren Verbundes oder einer großen Pfarrei gefeiert werden. Dann sollen alle Anstrengungen unternommen werden, diese Gemeinschaft zu fördern (zum Beispiel Fahrdienste, Sternprozessionen). Wenn es möglich ist, sollte wenigstens einmal im Jahr – am besten zum Kirchen- oder Dorfpatronatsfest oder zur Kirchweih – auch an den Orten, an denen normalerweise keine Sonntagsmesse gefeiert wird, die zentrale Sonntagsmesse stattfinden, gegebenenfalls auch als Gottesdienst unter freiem Himmel oder in einem Zelt.

Gott sieht nicht auf den Menschen allgemein, sondern er sieht auf das Leben jedes Einzelnen und will, dass es gelinge. Der Einzelne mit seiner Freude und Hoffnung, Trauer und Angst steht im Zentrum. Und die, die besonders belastet sind, werden zum Kriterium unseres Kircheseins.

Lebenszeiten

Glaube ist für viele Menschen sehr stark an biographische Phasen gebunden. Auch im Glaubensleben sind die Lebensjahre unterscheidbar wie die Jahresringe eines Baumes. Nicht wenige haben zwar keinen regelmäßigen Kontakt zur Kirche, erwarten aber nicht nur in Krisen, sondern mehr noch in Zeiten der Lebenswenden die Nähe zu Kirche und Glauben. Sie brauchen als »Kasualienfromme« Personen, die ihnen helfen, diese Begegnungen biographisch wertvoll zu verankern. Geburt, Hochzeit und Beerdigung sind noch immer die Kasualien, die für die meisten Menschen zentral sind.

Die Begegnungen bei diesen Anlässen brauchen eine gute Vorbereitung. Es kann gelingen, kleine Gruppen zusammenzuführen und solche Feiern miteinander vorzubereiten und zu gestalten. Das ist nicht zuerst Sache der Hauptberuflichen in der Kirche. Wichtig ist jedoch, dass es dann gelingt, dass es zwischen denen, die die Menschen in Tauf- und Ehekatechesen begleiten, und den Leitern der Gottesdienste zu einer guten Zusammenarbeit kommt. Das gilt auch, wenn Kommunionhelfer über lange Zeit eine Kranke begleiteten und dann die Bestattung ansteht. Sowohl aus ekklesiologischen als auch aus arbeitsrationellen Gründen wird immer wieder angestrebt, vor allem Tauffeiern zusammenzulegen, aber auch die Feier des Requiems nach Möglichkeit in die Regel-Gottesdienste der Gemeinde einzufügen. Dieses Ziel ist sicher anzustreben, braucht aber sensible Vermittlungsarbeit. Im Einzelfall kann es zu starken Kränkungen kommen, wenn der Eindruck entsteht, dass eine Tauf- oder Begräbnisfeier als Serienabfertigung geboten wird oder dass die gemeindlichen Normen alle individuellen Wünsche abwerten.

Es wird genau zu prüfen sein, wie in Würde und Verantwortung die Eucharistie anlässlich des Todes gefeiert wird. Es wird kaum mehr gelingen, jede Bestattung mit einem eigenen Requiem zu begehen. Daher braucht es andere, neue Formen des gemeindlichen Totengedenkens mit den Angehörigen. Die Eucharistiefeier der Gemeinde soll immer auch derer gedenken, die kaum mehr Kontakt zu ihrer Kirche hatten oder keine Angehörigen hinterlassen. So braucht es neue Formen der gemeinschaftlichen Feier im Gedenken an die Toten.

Wichtige Zeiten in der Lebensbiographie sind auch die Vorbereitung auf Erstkommunion und -beichte sowie auf die Firmung. Die Gestaltung der Katechesen ist sehr wichtig, wird aber nicht selten überfrachtet und trotz aller Bemühungen auch manches Mal für die Mitwirkenden frustrierend. Im Blick auf die Erstkommunion und Beichtzeit wird vielerorts mindestens so viel Zeit in die Elternarbeit investiert wie in die Arbeit mit den Kindern. Problematisch werden die Katechesen, wenn die echten Ziele zu wenig geklärt sind und die katechetische Arbeit nicht ausreichend am Leben der Beteiligten anknüpft. Sosehr die Vorbereitenden – hoffentlich – davon überzeugt sind, dass sie gerne alle von dem Leben mit Gott in der jeweiligen Gemeinde begeistern und deren dauerhafte Teilnahme wünschen, so sehr hindern diese Ziele den offenen Umgang mit den Menschen. Eltern kommen in der Regel nicht, weil sie sehnsüchtig eine neue Haltung und Teilnahme an der Gemeinde wünschen, sondern um mit den Kindern ein frohes Fest zu feiern und Gott dabei in die Mitte zu nehmen. Sie haben ein primäres Interesse daran, sich auszukennen (damit weder die Kinder noch sie selbst sich beim Fest blamieren); sie wollen wissen, was mit ihren Kindern geschieht. Beides kann dann Anlass sein, mit ihnen nicht nur auf das Äußere bezogene (wie macht man das?), sondern auch auf das Innere bezogene (was ist unsere Lebensmitte und wie gelingt Lebensbewältigung – auch nach Schuld?) Lebensthemen anzusprechen. Es ist wichtig, ihre Themen zu hören und ihre Lebenssituation anzunehmen. Vieles wird dann ganz individuell auf die Menschen und ihre Situation ausgerichtet werden müssen.

Die Kinder sind in der gleichen Weise anzunehmen. Sie sind unterschiedlich vorgeprägt für die kirchliche Begegnung. Für Einzelne ist sie ganz fremd, vielleicht sogar durch Bemerkungen der Familienmitglieder negativ belastet, andere haben offene, unkomplizierte Zugänge. Wichtig ist, sich bewusst zu machen, dass nicht alle religiöse Erziehung in einen Erstkommunionkurs gepackt werden kann und darf. Wichtig ist auch, zuzugestehen, dass die Kinder sich auskennen wollen, um nicht negativ aufzufallen. Viele Kinder haben aber auch echte Fragen, um zu verstehen oder zu erahnen, was hier geschieht. Für andere wiederum ist es eine Chance, neben der Schulerfahrung erstmals außerhalb der Familien wahrgenommen und angenommen zu werden. So spielt in dieser Zeit der Begleitung diese Wahrnehmung eine wichtige Rolle und muss für die Katechetinnen und Katecheten zum Thema werden. Auch die Neunjährigen sind von der Familiensituation belastet, erleben ihre eigenen Rollen als Einzelkinder, Außenseiter, schwache Schüler ... Diese Themen gehören mit in die Aufmerksamkeit für die Katechese. Eine wichtige Erfahrung für die Kinder wäre, dass sie spüren, in der Kirche ernst genommen und angenommen zu werden.

Dies ist auch die zentrale Aufgabe in der Firmvorbereitung in der Jugendzeit. Es gibt viele Modelle, die hier die Erfahrungen der Jugendlichen ansprechen. Firmfreizeiten sind eine Art »Laboratorium«, in dem viel zutage tritt, was dann gemeinsam und in Einzelgesprächen bearbeitet werden kann. Die Gefahr ist, vorrangig unter Leistungsgesichtspunkten ein bestimmtes Wissen und auch bestimmte, äußerlich zu beachtende religiös-soziale Praxis einzufordern. Das, was in Firmvorbereitung und Firmung geschehen soll, betrifft jedoch vorrangig die Erfahrung einer innerlichen Berührung.

Ein zentraler Gradmesser für die Glaubwürdigkeit der Kirche ist die Aufmerksamkeit der Kirchen für die kranken und alten Menschen. An dieser Stelle will ich nicht die diakonische Sendung der Kirche insgesamt ansprechen, vielmehr den Blick auf die Kranken aus unseren Gottesdienstgemeinden richten. Gerade sie sind »Verliererinnen und Verlierer«, wenn kein Pfarrer mehr am Ort regelmäßig mit ihnen die Messe feiert. Sie fragen nach der Krankenkommunion und Krankensalbung und danach, wer sie denn einmal beerdigt. Diese Themen sind ganz wichtig. Neben aller gemeindlichen Netzwerkarbeit untereinander und den festen Kontakten (zum Beispiel Geburtstagsbesuche) ist sensibel zu klären, ob die Krankenkommunion für sie eine wertvolle Stärkung ist und ob und wie sie auch durch die Kommunionhelfer oder durch Familienmitglieder gefeiert werden kann. Mancherorts wurden inzwischen jährliche Feiern der Krankensalbung für alle Älteren eingeführt. Ich bezweifle, ob es wirklich hilft, dieses Sakrament aus der Individualbegleitung herauszulösen und so zu ritualisieren. Die Einsicht, dass Krankheit, auch die Schwächung des Alters, einen bedrängt, sollte wirklich biblisch durch Besuch und dann Handauflegung und Salbung vertieft und religiös geheiligt werden.

Es gibt aber noch ganz andere Möglichkeiten, Lebenssituationen der Menschen zu würdigen. So werden Segnungsfeiern immer wichtiger: zum Beispiel Segnungen für Menschen in Beziehung (Valentinus), für Kranke und Pflegende (Kosmas und Damian), für kleine Kinder (Tauferneuerung), für Fahrzeuge (Fahrrad, Motorrad, Auto).

Kirche hilft hier mit wichtigen und starken Symbolzeichen, dass Menschen ihre Hoffnung und Sehnsucht feiern und mit Gott und dem Kern ihres Lebens in Berührung kommen.

Wegbegleiter: Hauptamtliche und Ehrenamtliche

4

Kirche kann und darf keine Pfarrerkirche und keine Kirche der Hauptamtlichen sein. Dies erfordert von allen Christgläubigen Bereitschaft und Leidenschaft, ihrer Sendung zu folgen, und von den hauptberuflich Tätigen und Klerikern eine offene Kultur der Begleitung und Ermöglichung.

Sich auf eine veränderte Form der Kirche einzulassen, fordert vor allem die beteiligten Personen heraus: die freiwillig Engagierten in den Gemeinden mit ihren Gruppen und Kreisen und den Gremien, in den Verbänden, aber auch die hauptberuflich Tätigen, sowohl Priester und Diakone als auch »Laien«, und zwar nicht nur in den Gemeinden, sondern auch in den anderen kirchlichen Einrichtungen. Sie selber werden Feuer fangen, um andere zu Christus, dem Licht der Völker, hinzuführen. Zwei zentrale Herausforderungen sorgen sicher – in der Umstellungsphase – zu heftigen Verunsicherungen und darum auch für Widerstände:

- Die klaren Zuständigkeiten und Abgrenzungen der Felder verwischen sich: Es gibt nicht mehr die Gemeindereferentin, die in einer Pfarrei die Erstkommunion »macht«, und den Pfarrer mit seiner Gemeinde; es gibt nicht mehr Gremien mit ihren eindeutigen Zuständigkeiten und Grenzziehungen. Die Kindertagesstätten und Sozialstationen, auch die Einrichtungen der Caritas, können sich nicht mehr auf die engen Grenzen ihrer Fachlichkeit zurückziehen. Allen wird klar, dass sie gemeinsam Verantwortung tragen für alle Menschen, die ihnen begegnen und die sie erreichen, dabei auch bisher geltende Grenzen überschreitend. Gemeinsam heißt dann schon, dass es immer wieder Klärungen darüber braucht, wer was macht; die Sorge um alle Menschen lässt klar erkennen, dass dies immer eine Überforderung ist, das heißt, dass wir mit unseren bescheidenen Kräften nie an ein Ende kommen und vieles auch der Gnade Gottes überlassen müssen.

- Damit wird jedoch auch deutlich, und zwar vorrangig für die Hauptberuflichen im Pastoralen Dienst, dass die Beschreibung ihrer Arbeitsfelder nur zu geschätzten 20 Prozent von ihrer Weihe und ihrer Ausbildung bestimmt wird. Das wird viele überraschen und irritieren. Der größere Teil ihrer Tätigkeit wird bestimmt sein von der konkreten Agenda, von den Absprachen untereinander (mit den Nicht-Hauptberuflichen) und von ihren Charismen (Begabungen), Neigungen und Interessen. In neuer Spannung zueinander stehen also gemeinsame Vereinbarungen und eigene Fähigkeiten.

Dabei gilt das Grundprinzip, dass in der Kirche der Einzelne mit seinem Tun immer Teil der Gemeinschaft (Communio) der Kirche ist, dass also die ausdrückliche Bindung an die orts- und weltkirchliche Katholizität zentral bleibt. Diese Gemeinschaftlichkeit verpflichtet zu Kommunikation, gegenseitiger Wahrnehmung und Achtung und Wertschätzung. Da dies unter Menschen niemals ohne Reibungsverluste gelingt, braucht es begleitend eine Kultur der Nachsicht und Vergebung.

Damit ist die Frage der Spiritualität und der Lebensführung angeführt. Jeder, der in der Kirche handelt, handelt in einer bestimmten Öffentlichkeit und er wird ob seiner Glaubwürdigkeit bemessen. Da wir nicht alle Heilige sind, wird auch diese Glaubwürdigkeit als Grundlage eine Haltung der Demut und Bescheidenheit brauchen. Gleich in welchem Dienst jemand steht, Überheblichkeit und Machtgebaren steht den Christen nicht an. Die biblischen Hinweise darauf sind eindeutig.

Verantwortung aller

Die Ekklesiologie des Zweiten Vatikanischen Konzils betont vielfach die Verantwortung aller für die Sendung der Kirche. Diese gemeinsame Verantwortung aller will ich am Anfang einschärfen, bevor über die verschiedenen Verantwortungsbereiche und Zuständigkeiten nachgedacht wird. Nicht die »Letztverantwortung«, was immer das sein soll, macht die Kirche aus, sondern die gemeinsame Verantwortung aus der Sendung Jesu Christi. Selbst wenn die Einzelnen an verschiedenen Seilen anpacken, muss es doch wichtig werden, in die gleiche Richtung und gemeinsam zu ziehen. Da ist jede und jeder in seiner Verantwortung gefragt, keiner soll loslassen, keiner die gemeinsame Teamarbeit umdeuten im Sinne von »Team« = »Toll, ein anderer macht's«. Diese Grundentscheidung muss sich dann aber auch wieder in den unterschiedlichen organisatorischen Ausprägungen von Führung und Leitung zeigen.

Leitung ist nicht Herrschaft, sondern gemeinsame Sorge um Ermöglichung. Leitung muss dazu dienen zu vermehren (augere – auctoritas), nicht auszugrenzen und zu beherrschen.

Es braucht in jeder sozialen Gruppe auch Leitung und Leitungsverantwortung. Diese wird sich jedoch nicht in detailverliebter Allzuständigkeit ausprägen, und sie muss auch nicht auf eine Person zugespitzt sein. Die Menschen, die als Einzelne oder als Gruppe (Team) Leitung wahrnehmen, haben m. E. fünf spezifische Aufgaben:

- Wahrnehmung der Lage der Menschen
- Inspiration und Kommunikation (untereinander und in die Weltkirche)
- Initiativen und Kirchwerdungsprozesse ermöglichen
- dazu Ressourcen (Personen, Räume, Finanzen, Kommunikationswege) erschließen und
- Konflikte moderieren.

Ausdrücklich sind dies die Aufgaben des »Pontifex«, des »Brückenbauers«, so eine lateinische Bezeichnung für den Bischof. Es sind Aufgaben, die jedoch keiner alleine bewältigen kann, die aber unkompliziert in einem Kollegium wahrgenommen werden können:

- Wer leitet, muss die Lage kennen. Er muss wissen, wie die Menschen leben, ob und wie die Kirche ihnen dabei nahe ist und die Brücke zu Christus baut. Dazu stehen sie in unterschiedlicher Form in Kommunikation mit verschiedenen Trägern (innerkirchlich und allgemein-gesellschaftlich), sie nehmen die Ergebnisse der Sozialforschung wahr und veröffentlichen ihre Wahrnehmungen, damit dadurch neue Kommunikation und auch Korrektur gelingen können. Nicht nur auf nationaler und überregionaler Ebene sind solche Informations- und Klärungszusammenhänge wichtig, auch in kleinerem Rahmen sind Begegnungen mit Verantwortungsträgern in Selbstverwaltung, Wirtschaft, Bildung, Sozialem usw. wichtig, damit die Kirche immer am Puls der Zeit bleibt. Zugleich ist es wichtig, Wege zu finden, wie jeder, der es will, seine Meinungen zu diesen Themen und zum Weg der Kirche einbringen kann. Dazu braucht es formale Strukturen, wie Räte und Synoden, aber immer wieder auch offene Räume und Begegnungsmöglichkeiten.

- Was erkannt ist, muss ins Gespräch kommen, damit es das Handeln prägt und die Kirche um der Menschen willen voranbringt. Es geht um Kommunikation in alle Richtungen: Weltkirchlich wird es wichtig sein, dass der Papst und die Bischöfe und die römische Kurie immer wieder informiert werden und daraus folgend ihre eigenen Reaktionen und Bewertungen ins Gespräch einbringen. Verwaltungseinheiten haben die Tendenz, sich abzuschotten und viele Bereiche nur aus einer Perspektive zu bewerten. Die Kirche in ihrer weltkirchlichen Vernetzung hat viele Möglichkeiten, sich vor solcher Abschottung zu schützen. Kommunikation dieser Art braucht es auch in der Ortskirche des Bistums und den regionalen Untergliederungen. Und immer eben: Solche Kommunikation geht in beide Richtungen, sie bietet Gelegenheit zu guter Resonanz. Wenn sie nur »Scheinkommunikation« ist, in der nur das gesagt wird, was erwartet wird oder gehört werden will, wird das Vertrauen zu den Verantwortungsträgern wie auch zur »Basis« zerstört. Wenn die Kommunikation ernsthaft und offen ist, hat sie eine zweite wichtige geistliche Funktion, dann inspiriert sie zur Annahme der Gegenwart und zur Initiative zu neuen Ideen, den Menschen das Heil Gottes nahezubringen.

- Zentrale Leitungsaufgabe ist, Initiativen aller Art, die die Kirchwerdung fördern und der Sendung des Evangeliums dienen, anzustoßen. Eine Kirche, die meint, sich »abwickeln« und vor allem Abschiedsprozesse gestalten zu müssen, ist nicht die Kirche des Evangeliums. »Jedem Abschied wohnt ein Zauber inne« (Hermann Hesse). Das heißt eindeutig, dass jeder Abschied auch in kirchlich Gewohntem als Chance zu neuem Leben genutzt werden soll. Von daher ist es eine zentrale Leitungsaufgabe, zur Förderung der Ekklesiogenesis (Kirch-Werdung), zu »Gemeindegründung« an ganz neuen Orten beizutragen. Diese Art zu leiten ist dann nicht konservativ, sondern innovativ um des Evangeliums willen.

➠ Dazu gehört auch, die Ressourcen zu verwalten und zu organisieren. Wir haben in unterschiedlicher Trägerschaft und Verantwortung Personal, Immobilien und Finanzmittel. Sicher gibt es in allen Bereichen immer wieder mehr oder minder kalkulierbare Schwankungen. Eine der zentralen Leitungsaufgaben ist es, in hoher Transparenz und Kommunikationsbereitschaft diese Ressourcen freizugeben für Standardaufgaben wie auch für Innovation. Die Gefahr aller Haushaltsplanung ist es, alles auf Dauer hin festzulegen und sich somit seiner eigenen Flexibilität zu berauben. Wenn jedoch Innovation zu den zentralen Aufgaben gehört, ist darauf in diesem Feld besonders zu achten.

Dieses Feld der Verantwortung gehört – erfahrungsgemäß – zu den umstrittensten. Kaum eine kritische Entscheidung wird ohne Widerstände zu treffen sein, weil jeder spürt, dass Finanz- und Personalentscheidungen auf den ersten Blick die Steuerungsmaßnahmen sind, die besonders radikal direkt treffen. Ein Schutz davor bietet allein eine dezentrale Ressourcenbeschaffung und -verwaltung, die jedoch auch ihre realen Grenzen haben wird, ebenso die Tendenz von Entsolidarisierung. Gerade darum wird es wichtig sein, das Ressourcenmanagement hochprofessionell und vor allem transparent und in nachvollziehbaren Entscheidungsgängen zu organisieren. Das geht am besten in guter Kooperation von Geistlicher Leitung, Verwaltung und kirchlich-öffentlichen Vertretern der Betroffenen.

➡ Die letzte Aufgabe, die ich der Leitung zuspreche, ist die der Konfliktregelung. Wichtig ist, dass es klare Wege und Instanzen dafür gibt, dass Konflikte ausgetragen werden können und dass die Entscheidungen transparent sind und gegebenenfalls nach bestimmten Erfahrungszeiten revidiert werden. Konflikte dürfen auf Dauer weder personalisiert einem bestimmten »schwarzen Peter« zugeschrieben werden noch können sie auf Dauer verdrängt werden, ohne nachhaltig zu schaden.

Geweihte Bischöfe, Priester und Diakone stehen mit ihrer Existenz für die Kirche und haben ihre Weihevollmacht zum Aufbau der Kirche. Es sind dienende Menschen.

Jede Einheit der Kirche auf jeder Ebene sollte für sich klären, wie diese fünf Leitungsaufgaben wahrgenommen werden.

Rolle des geweihten Amtes

Erst nach diesen allgemeinen Überlegungen zur Leitung kann ich beginnen, die spezifischen Aufgaben aufgrund der Weihe und der Ausbildung zu beschreiben. Noch einmal: Ich bin fest davon überzeugt, dass nur etwa 20 Prozent der Tätigkeiten (nicht des Wesens!) der Priester, Diakone und anderer pastoraler Mitarbeiterinnen und Mitarbeiter durch Ausbildung und Weihe spezifisch festgelegt sind. Einer der wesentlichen Dienste der Priester und Bischöfe ist, für die und mit der anvertrauten Gemeinde Eucharistie zu feiern.

Im Sakrament der Weihe werden aus dem gläubi-

Vor- und Zuname

Beruf

Straße/Hausnummer

PLZ/Ort

E-Mail

Ich interessiere mich vor allem für Literatur aus den Bereichen

☐ Religion/Theologie ☐ Gemeindearbeit/Pastoral
☐ Franken/Bayern ☐ Lebenshilfe/Meditation

Schicken Sie Ihren Katalog auch an:

Vor- und Zuname

Straße/Hausnummer

PLZ/Ort

Bitte
ausreichend
frankieren

Antwort

Echter Verlag
Dominikanerplatz 8

D-97070 Würzburg

Ihre Meinung ist uns wichtig!

Welchem Buch haben Sie diese Karte entnommen?

____

Erfüllt das Buch inhaltlich Ihre Erwartungen?

____

Wie gefällt Ihnen die Gestaltung des Buches?

____

Was würden Sie an diesem Buch gerne anders wünschen?

____

☐ Senden Sie mir bitte Ihren Neuerscheinungsprospekt
☐ einmalig ☐ regelmäßig

☐ Informieren Sie mich bitte per E-Mail über Ihre Neuerscheinungen

www.echter.de

Wie sind Sie auf das Buch aufmerksam geworden?

☐ Prospekt
☐ Rezension
☐ Anzeige in Zeitschrift
☐ Empfehlung des Buchhändlers
☐ Homepage des Verlages
☐ Internet allgemein
☐ Andere ______________________________

gen Volk – nach der geltenden Tradition unserer Kirche – Männer berufen und auserwählt, sakramental und damit als wirkende Symbolgestalten die Gegenwart Gottes und seiner Kirche darzustellen. Bischof, Priester und Diakon sind durch die sakramentale Gnade befähigt und zu ihrer Sendung bestellt. Ihre überzeugende Lebensantwort ist ihr Streben, diese Sendung in einer glaubwürdigen Form zu leben. Nach der geltenden Tradition wird das für den Diakon Ehe oder Ehelosigkeit, für Priester und Bischof im Regelfall die zölibatäre Ehelosigkeit sein. – Ich nehme an dieser Stelle nicht zur Frage der Weihezulassung Stellung. Ich kann mir prinzipiell eine Weitung der Zulassungsbedingungen vorstellen, nicht aber dadurch eine andere Bestimmung der Aufgaben und des Lebens der Geweihten allgemein.

Die Sorge für die Leitung der Kirche obliegt dem Bischof mit dem Kollegium der Bischöfe und dem Papst. Ihnen sind die bezeichneten Aufgaben zugeschrieben. Sie können und sollen sie in der Gemeinschaft der Kirche leisten und leisten lassen. Priester und Diakone tragen ihre Mitverantwortung an der Leitung der Ortskirche in den übertragenen Aufgabenbereichen in Kooperation mit anderen.

Die Verantwortung für die Feier der Sakramente obliegt dem Bischof für die Sakramente der Weihe und Firmung, zusammen mit den Priestern für die Feier der Eucharistie, der Versöhnung und der Krankensalbung und mit den Diakonen oder dafür Beauftragten in der Feier der Taufe und der Assistenz der Eheschließung.

Alle Geweihten tragen in ihrem Zuständigkeitsbereich durch eigenes Tun und durch Delegation und Begleitung anderer Personen im Dienst der Verkündigung Verantwortung.

Die Diakone sind aufgrund ihrer Weihe amtlich in die Felder der Gesellschaft gesandt, die in Gefahr sind, aus dem Blick zu geraten: in die Felder sozialer, religiöser, psychischer Bedrängnis als Bereiche der Gesellschaft, zu der die Kirche sonst keinen einfachen Zugang hat (Berufswelt, Kultur, Leitungsebene in Wirtschaft und Politik). Dort wirken sie mit anderen im Sinne des Reiches Gottes und sorgen dafür, deren Leben in die feiernde Gemeinde zurückzubinden. Gerade in ihrer Sendung ist zu erkennen, dass den Diakonen keine neuen Aufgaben zuwachsen, sondern dass sie nur in besonderer Weise die Sendung der ganzen Kirche versinnbildlichen.

Der Lebensstil aller Christinnen und Christen ist ein wichtiger Beitrag für die Glaubwürdigkeit der Kirche. Das gilt umso mehr für die Menschen, die durch Weihe und Sendung von der Kirche in eine besondere Repräsentanz von Christus und Kirche gerufen sind. Die Frage des Lebensstils, als Zölibatärer oder als Verheirateter, rückt dadurch ausdrücklich in die Öffentlichkeit der Kirche. Sie wird – im Gelingen wie im Umgang mit dem Scheitern – zu einem relevanten Aspekt für die Glaubwürdigkeit der Personen und der Kirche als Ganzer.

Für die Diakone, die zum Teil in Beruf und Familie ihre erste Sendung haben und damit »im Zivilberuf«

leben, muss die sakramentale Weihe nicht zu einem Hauptberuf führen. Wie Arbeitspriester, die im Konzilsdekret über die Priester ausdrücklich rehabilitiert sind, können die Diakone der Kirche maßgeblich helfen, in vielen Feldern der Gesellschaft präsent zu sein. So können sie zu einer zentralen Bereicherung der Kirche werden.

Rolle der Hauptberuflichen

Die Aufgaben der Kirche und die dazu nötigen Kompetenzen sind so vielfältig, dass es der Kirche guttut, wenn sie durch ihre finanziellen Möglichkeiten etliche Menschen im Hauptberuf gewinnt. Die verantwortliche Mitgestaltung des Lebens der Kirche erfolgt vor dem Hintergrund der spezifischen beruflichen Qualifikation, aber auch aufgrund der persönlichen Begabung und Neigung und der jeweiligen konkreten Herausforderungen. Auch hier wird die Agenda ihrer Tätigkeiten nur zu einem kleinen Teil von der einmal erworbenen Ausbildung bestimmt sein, vieles erwächst aus den konkreten Bedingungen der Zusammenarbeit und weiterer Qualifikationen. Längst nicht jede einzelne Tätigkeit wird gleich eine typische religiöse Prägung haben und doch ist sie wichtig im Zusammenspiel der ganzen Sendung des Gottesvolkes. Manches ist einfach nur fröhliche und frohmachende Hilfeleistung.

Von den akademisch gebildeten Theologinnen und Theologen (»Pastoralreferentinnen und -referenten«) wird erwartet, dass sie ihre theologische Fachkompetenz in Bildungs- und Konzeptionsbereiche (Bildungsarbeit, Referats- und Leitungsarbeit in mittleren und höheren Ebenen) einbringen. Sie werden solche Felder übernehmen und leiten oder subsidiär andere für die Übernahme von Aufgaben aufgrund dieser Kompetenz begleiten und fördern.

Kirchliches Handeln braucht Professionalität und darum professionelle Hauptberufliche.

Von den katechetisch und religionspädagogisch qualifizierten Mitarbeiterinnen und Mitarbeitern (»Gemeindereferentinnen und -referenten«) wird vorrangig die Verantwortung für die Befähigung und Begleitung der Christinnen und Christen in den entsprechenden Feldern ihres Könnens erwartet. Sie fördern die Handlungsprozesse der Kirche aufgrund der entsprechenden Kompetenzen. In einigen Bereichen übernehmen sie auch subsidiäre Aufgaben, zum Beispiel in Schule und Bildung, die von anderen nicht wahrgenommen werden können.

Berufliche qualifizierte Mitarbeiterinnen mit nicht genuin theologischen Kompetenzen, zum Beispiel in psychosozialen oder in pädagogischen Bereichen, in Musik und kreativen Feldern, in Verwaltung, Organisation und Finanzen, werden in spezifisch beschriebenen Handlungsfeldern zur Befähigung, Leitung und Begleitung, zu Anregung und subsidiärer Übernahme dieser Bereiche kirchlichen Handelns tätig. Das gilt selbstverständlich auch für all die Mitarbeiterinnen und Mitarbeiter, die eine Ausbildung mit theologischen Feldern haben.

Ehrenamtliche Mandatsträger

Etliche Menschen stehen bereit, fragen miteinander nach den nächsten Schritten, nehmen wahr, was ist, und schauen in die Zukunft. Sie haben wichtige Aufgaben auch im Festhalten bestimmter Entscheidungen und wertvoller Praxis. Da wird jede und jeder Einzelne gebraucht.

Verantwortliche Tätigkeit braucht neue und vor allem unterschiedliche Formen der Beteiligung.

Eigens möchte ich auf die Mandatsträger in den verschiedenen Gremien der Kirche eingehen. In der bisherigen Praxis sind sie am klarsten eingebunden als Mitglieder der staatskirchenrechtlich geregelten Körperschaftsorgane (Kirchen-Verwaltungsrat, Stiftungsrat, Vorstand), in vielen Diözesen wird ihre Entscheidungskompetenz eindeutig geregelt. Die Pfarrgemeinderäte haben seit ihrer Einführung eine schwierigere Aufgabe: Sie changieren auch rechtlich zwischen Repräsentationsgremien mit eigener Entscheidungskompetenz und reinen »Beratungsgremien« und werden in dieser Rolle sehr unterschiedlich geführt und geschätzt. So sind sie teilweise eher als die Vertretung aller möglichen Teilgruppen (örtlich und inhaltlich) zusammengesetzt, anderswo sind es erkennbare Gruppen von Hochengagierten, die an gemeinsamen Projekten und Zielen interessiert sind. Allgemein ist die Bereitschaft zu Leitungsaufgaben im oben beschriebenen Sinn (also als Kommunikations- und Impulsaufgabe) nicht sehr ausgeprägt. Etliche Gremien sind dazu auch deutlich zu groß und kaum mehr effizient handlungsfähig.

Für die Kirche der Zukunft braucht es m. E. neue Regelungen, die auch den jeweiligen Verhältnissen angepasst werden müssen:

- Es wird auf jeder Ebene eine kleine Gruppe geben müssen, die mit den Hauptamtlichen die Leitungsverantwortung teilt. Sie brauchen Formen der öffentlichen

Legitimation (Ur-Wahl oder Wahl in Gemeindeversammlung), der Ernennung und Einführung auf Zeit.

- Es braucht Projektteams mit beschriebener Handlungskompetenz – gegebenenfalls Teilrollen –, die eigenständig ihre Teilprojekte übernehmen. Diese werden für das jeweilige Projekt vom Leitungsteam auf Zeit bestellt.

- Es braucht Menschen, die die Interessen der einzelnen Ortsbereiche, Verbands- und Fachgruppen vertreten und in das größere Ganze der Kirche der Region einbringen. Sie werden in bestimmten Abständen von den jeweiligen Bereichen und Gruppen – je nach ihrer Selbstorganisation – bestellt und gesendet.

Wichtig wird für alle Mandatsträger sein, dass sie die für ihr Tun wichtigen Informationen *schnell und direkt* erhalten.

Volk Gottes unterwegs – Pastoral als Freigabe

5

Volk Gottes unterwegs, dieses Bild nimmt die unterschiedlichen Witterungsverhältnisse auf: Manchmal geht das Volk durch sonnige Zeiten, manchmal treibt der Wind es voran oder er steht ihm entgegen. Manches Gewitter reinigt die Luft, bedrängt aber auch die, denen dann das Wasser bis zum Halse steht. Volk Gottes unterwegs stellt sich gemeinsam auf diese unterschiedlichen Bedingungen ein und geht weiter.

Karl Rahner hat bereits 1972 das Negativbild von den Pfarreien als Polizeirevieren benutzt. Gerade so darf und wird Kirche keine Zukunft haben. Auch die »Pfarrgemeinden« und »Pfarrfamilien« hatten immer eine Tendenz zur Abgrenzung und Sicherung der darin abgebildeten Milieus. Das sich deutlich verändernde Selbstbild der Gesellschaft und ihrer Glieder braucht, und das dürfte jetzt deutlich geworden sein, vor allem Freiräume, Entfaltungsräume für Lebensentwürfe und Glaubenspraxis. Die Kirche braucht den Mut, Pastoral in einem Raum der Freiheit zu entwerfen. Dem dienen die Ämter und Dienste, dem dienen die Ordnungsstrukturen und die vorhandenen Ressourcen. Dafür braucht es andere Karten, andere Lotsen und andere Fahrzeuge.

Biblische Bilder helfen, die Weite zu durchschreiten (Ps 18,20), stärken das Vertrauen, auf Wallfahrtswegen nicht verloren zu gehen (Lk 15,11 ff.) und am Ziel der Völkerwanderung (Jes 2,1 ff.) anzukommen. Sie sprechen uns die Nähe dessen zu, der Weg, Wahrheit und Leben ist (Joh 14,6) und der den Mut hat, Menschen gehen zu lassen (Joh 6,67), obwohl er das Leben in Fülle (Joh 10,10) für alle will. Dafür sollte auch die Form stehen, wie sich Kirche heute darstellt. Das sollte die Haltung werden, wie Christinnen und Christen den Glauben bekennen und die freiheitsliebenden Zeitgenossen ansprechen. Das ist der Weg der Evangelisierung, den wir in unserer Zeit in unseren Breiten brauchen. Gebote und Gesetze, Grenzen und Zuständigkeiten stehen nicht im Vordergrund des Handelns der Kirche, sondern die Menschen als Einzelne und als Gemeinschaft auf ihrer Pilgerschaft durch diese Zeit, in ihrer Sehnsucht nach Freiheit und Lebenssinn.

Kirche ist dann mit ihren festen Stationen, den Kirchengebäuden und Gottesdiensten, den Einrichtungen und Adressen, und in ihren hochbeweglichen Zellen stets in Bewegung, in aufmerksamer Nähe und zugleich an stets neuen Orten. Sie hat Gasthäuser und Ankerpunkte einerseits und ist in unterschiedlichster Weise unterwegs, in Pilgerzügen und im Notfallhubschrauber, als Einsiedler und als Gemeinschaft. Sie weiß sich darin aufeinander angewiesen und in allen Formen von Gottes Geistkraft begleitet. Sie verliert die Starre einer bürokratischen Einheit und wird neu zu einer Bewegung derer, die den Ruf hören und seiner Botschaft folgen.

Darum ist sie auch nicht fertig beschreibbar und in Minimalnormen zu fixieren. Und trotzdem ist die Sicherheit, die der gute Hirte (Ps 23) bietet, groß genug, dass keiner untergeht. Ob ein weites Feld, eine bunte

Blumenwiese, ein interessanter Weg: Alles sind Bilder für die nötige Vielfalt und die Schönheit, die Kirche auszeichnen können. Die Menschen unserer Zeit werden dann plötzlich wieder nach ihr fragen, »denn wir haben gehört: Gott ist mit euch« (Sach 8,23).

Gott gibt uns so frei und geht zugleich mit uns.

Kirche wird, wenn sie die Herausforderungen der Gegenwart, in der sie lebt, annimmt, radikaler das Selbstverständnis als Volk Gottes unterwegs annehmen müssen. Das verändert die Beziehungen nach innen und nach außen.

Anschaulich wird das in den Erfahrungen derjenigen, die auf einer großen Tour oder einer Wallfahrt unterwegs sind: Hier erlebt man, wie die gemeinsamen Erfahrungen zu einer neuen Gemeinschaft zusammenführen: Da zählen nicht mehr Rang und Namen. Da zählt die gegenseitige Aufmerksamkeit: auf die unterschiedlichen Geschwindigkeiten und teilweise täglich wechselnde Leistungsfähigkeit, da bestimmt der Schwächste mit, wie es weitergeht. Da gibt es Kartenkundige und solche, die in besonderen Situationen leicht den hilfreichen Kontakt aufbauen können. Es gibt auch gemeinsame Riten und Rhythmen. Viel Solidarität und Bereitschaft zur gegenseitigen Annahme braucht es auch in den Schlafquartieren und zugleich die unkomplizierte Bereitschaft, dort anzupacken, wo es nötig ist.

Wer unterwegs ist, lernt neue Landschaften und neue Menschen kennen. Er hofft auf die Gastfreundschaft der Quartiergebenden, auf die Gasthäuser und darauf, die den fremden Menschen eigene Kultur zu leben. Er ist neugierig, ihre Spuren zu erkennen. Sicher stellt er auch Vergleiche mit seiner Heimat an, zugleich bleibt er bescheiden, weil er weiß, dass er auf dem Weg angewiesen ist auf Freundschaft und Aufnahme. Vielleicht beginnt er ja, neue Freundschaften zu schließen. Für manche entstehen neue Gemeinschaften auf Zeit oder auf Dauer, Gemeinschaften im Lernen und in der Lebensgestaltung. Jeder erlebt die Unterschiedlichkeit auch in den Bedingungen, unter denen Menschen *leben und arbeiten.* Er grenzt nicht ab, sondern schreitet als Gast durch fremdes Terrain. Zugleich freut er sich, wenn er andere fürs nächste Mal zu sich einladen kann.

Diese Wanderungen sind auch in der Gottesbeziehung anregend und spannend. Denn Gott ist sowohl der unbekannte Begleiter neben mir wie der gastliche Empfänger in der Herberge. Es gibt keinen Ort, wo ich ihn nicht entdecken könnte.

Wahrscheinlich begegnen wir unterwegs anderen Wandergruppen und Pilgerzügen, nicht selten mit dem gleichen Ziel, aber verschiedenen Ausgangspunkten. Wir gehen Strecken gemeinsam, tauschen unsere Erfahrungen aus und wissen uns darin verbunden, Gottsucher zu sein als solche, die diesen Gott an ihrer Seite haben. Das ermutigt und hilft mit, die Durchhänger auch nach manchem Irrweg wieder zu überwinden. Gespannt erwarte ich die nächste Etappe.

Zu den Quellen und für die Weiterarbeit

Ich habe bewusst in diesem Essay fast ganz darauf verzichtet, Quellen und Verweise anzugeben. Viele Gespräche und Kurse auf verschiedener Ebene, mit suchenden Christen ohne kirchliche Heimat, mit engagierten Ehrenamtlichen auf verschiedenen Ebenen, mit Studierenden, mit Hauptberuflichen in der Kirche, mit Diakonen, Priestern, Bischöfen haben sowohl den Fragehorizont erweitert als auch Erfahrungen und Widerstände erkennen lassen. Immer wieder, wenn das Ende der bisherigen Sozialform der Kirche analysiert war, blieb die Unsicherheit: Und was kommt dann? Dieser Frage stelle ich mich hiermit. Wer genauere Verweise sucht, kann Etliches in meinen verschiedenen Beiträgen zu Fragen der Gemeinde, der Strukturveränderungen, des Ehrenamtes und der kirchlichen Berufe und Dienste finden.

Wer mit diesem Text weiterarbeiten will, in der Gemeinde, einer Gesprächsgruppe, unter freiwillig Engagierten und Hauptberuflichen, der wird sich immer wieder den verschiedenen Fragen stellen müssen, die dazu beitragen, den richtigen Weg im Miteinander zu finden:

- Wie ist meine, wie ist unsere Grundstimmung?
- Welches sind die Karten, an denen wir uns orientieren?
- Was ist meine Vorstellung von Beruf und Rolle in der Kirche?
- Wie viel Vielfalt kann ich aushalten?
- Wie sieht meine Glaubens- und Kirchenbiographie aus?
- Welche Gefühle kommen bei mir auf, wenn die Zukunft so offen und unbestimmt ist?
- Was war mein wichtigstes Ereignis für den Glaubensweg?
- Wie können wir dazu beitragen, dass sich Menschen von Gott berühren lassen?

Zu solchen Fragen lohnt es sich, sich auszutauschen und wahrzunehmen, wohin der Weg unsere Kirche vor Ort führt.

Mein Beitrag ist verpflichtet der Relecture der Texte des Zweiten Vatikanischen Konzils, der Kirchenkonstitution Lumen Gentium und der Pastoralkonstitution Gaudium et spes, der Texte zum Laienapostolat (Actuosam Apostolitatem) und zum Priesteramt (Presbyterorum Ordinis). Der neue Kommentar zu den Dokumenten (Freiburg 2004) gibt großartige Impulse. In jüngerer Zeit hat auch die intensivere Begegnung mit den großen Theologen des 20. Jahrhunderts, mit Karl Rahner, mit Marie-Dominique Chenu und Yves Congar, und den Prozessen der Ekklesiogenese in den Ländern Lateinamerikas, Asiens, Afrikas und Europas neue Assoziationen geweckt.

Ich bin gespannt auf die Aufnahme dieser Skizze, auf Reaktionen und Impulse, neue Gespräche und Prozesse und danke schon jetzt für jede Rückmeldung. Mit Chenu soll so aus der Praktischen Theologie praktische Theologie werden.

Im Sommer 2013

Richard Hartmann
Am Wynberg 7
36039 Fulda
Hartmann@thf-fulda.de

Bildnachweis

10 © gennadi+/photocase.com, 15 © marqs/photocase.com, 21 © se.scho/photocase.com, 26 © AllzweckJack/photocase.com, 29 © gb-photodesign.de, 41 © pip/photocase.com, 43 © matlen/photocase.com, 45 © birdy`s/photocase.com, 52 © luxuz/photocase.com, 55 Susann Städer/photocase.com, 63 © Christian Redolfi/photocase.com, 69 © sajola/photocase.com, 73 © ohneski/photocase.com, 84 © seleneos/photocase.com, 87 © JoeEsco/photocase.com, 91 suze/photocase.com, © Stefan Weigand (4/5, 7, 32, 38, 47, 80)

Bibliografische Information der Deutschen Nationalbibliothek
Die Deutsche Nationalbibliothek verzeichnet diese Publikation in der Deutschen Nationalbibliografie; detaillierte bibliografische Daten sind im Internet über http://dnb.d-nb.de abrufbar.

www.echter-verlag.de

Gesamtgestaltung: wunderlichundweigand.de
Umschlagbild: © Stefan Weigand
Druck und Bindung: CPI - Clausen & Bosse, Leck

ISBN
978-3-429-03625-6 (Print)
978-3-429-04710-8 (PDF)
978-3-429-06124-1 (ePub)